KB235163

Made in 브랜드

루이비통, 에르메스, 샤넬은 어떻게 팔리는가

Made in 브랜드

루이비통, 에르메스, 샤넬은 어떻게 팔리는가

야마다 도요코 지음 ● 지세현 옮김

디플

한국어판에 부쳐

내가 몸담고 있는 대학에는 적지만 매년 한국 학생들이 꾸준히 유학을 온다.

상당히 오래된 일이기는 하지만 대학원 강의를 할 때였는데, 하루는 수업 전에 한국 학생 한 명과 일본 학생 한 명이 얘기하는 소리를 우연히 듣게 되었다. 미디어론 강의로 수강생 대부분이 여학생이었다.

"저기, 일본 학생들은 왜 브랜드 제품만 찾는데? 1년 동안 아르바이트해서 열심히 모은 돈을 브랜드 가방 사는 데 다 써버리는 이유를 난 모르겠어."

한국의 유학생 말에 일본 여학생이 고개를 돌려 대꾸했다.

"무슨 말이야! 브랜드를 진짜 좋아하는 쪽은 오히려 한국 아니야? 한국 사람들 대부분 갖고 있잖아. 가짜 루이비통!"

"그래. 우리는 가짜로 만족해. 우린 1년 동안 아르바이트 같은 거 하지 않아도 살 수 있는 그 정도로도 충분한데, 너네들은 왜 그렇게 열심히 일해서 진짜를 사려고 하는지 모르겠어."

서로 상대방의 의견에 수긍할 수 없다는 듯 설득력 있는 답변이 나오질 않았다. 결국 시간이 되어 수업은 시작되었다.

편집부에서 이 책이 한국어로 출간된다는 소리를 들었을 때 내 머리에는 위의 이야기가 선명하게 떠올랐다.

분명히 브랜드 제품에는 가짜가 따라붙게 되어 있다. 화려한 브랜드 시장 주변에는 방대한 가짜 시장이 판을 치고 있다. 도대체 브랜드는 왜 가짜를 만들어내는 것일까? 가짜인가 아닌가? 과연 진품과 가짜를 결정적으로 나누는 차이점은 무엇일까? 진품과 가짜를 둘러싼 문제 시각은 이 책을 구성하는 중요한 요소이므로 어쩌면 한국의 독자들이 이 문제를 일본 독자들보다 훨씬 흥미롭게 생각할 수도 있다.

어찌 되었든 한국인이나 일본인 모두 유럽의 브랜드 제품을 좋아한다. 그리고 파는 쪽인 유럽 브랜드들도 이 점을 누구보다 잘 알고 있다.

이 책은 그 유럽 브랜드의 전략을 사는 쪽이 아닌 파는 입장에서 고찰했다. 후기에도 언급했듯이 우리가 왜 브랜드를 좋아하는지라는 구매 심리론에 대하여는 일단 심도 있게 다룬 감이 있지만 아직 소비 심리학에서의 브랜드 본질은 여전히 모호한

면이 남아 있기 때문이다.

그렇다. 문제는 브랜드의 본질이다. 진품이든 가짜든 명품 브랜드는 왜 그렇게 비싸게 팔리는가? 그 가치의 근거는 도대체 무엇인가? 브랜드를 좋아하는 독자는 물론, 호불호를 막론하고 마케팅에서 소비 문화론에 이르기까지 브랜드라는 현상에 약간이라도 흥미를 갖고 있는 사람은 이 책을 통해 그 힌트를 얻을 수도 있다.

일본 독자뿐 아니라 아시아라는 브랜드 시장을 염두에 두고 이 책을 쓰긴 했지만 한국어판 출판 소식은 내게 너무도 행복한 뉴스가 아닐 수 없었다.

한국의 디플 편집부 여러분께 다시 한 번 머리 숙여 감사를 드린다.

2007년 여름

야마다 도요코

들어가기: "왜 그 가방이 갖고 싶을까?"

브랜드 대홍수 시대다.

브랜드는 더 이상 단순한 유행에 머물지 않고 독특한 세계를 형성하고 있다. 브랜드 세계를 들여다보면 우리가 생각하는 것보다 더 깊고 복잡하다.

작년에 괌을 여행한 친구가 있었다.

친구가 쇼핑가를 둘러보는데 상점들 진열장에 에르메스와 똑같은 가방들이 즐비했다.

한눈에 봐도 알 수 있는 H 장식에 친구가 발걸음을 멈추자, 여자 점원이 나와 안내를 했다. 그 상점은 오랫동안 에르메스에서 일했던 직원이 독립을 해 운영하는 곳으로, 진열되어 있는 가방의 가죽 소재도 이탈리아산이고 디자인과 바느질 또한 진품 에르메스와 조금도 다르지 않았다. 하지만 가격은 에르메스보다 훨씬 낮았다.

"에르메스라는 이름만 붙어 있지 않을 뿐입니다."

선명한 블루 가죽은 예전부터 친구가 갖고 싶어했던 가방이었다. 겉으로 봐도 그렇고 직접 만져본 감촉도 진품 에르메스 가방과 다를 게 없었다. 이 정도 가격이면 사볼까!

친구는 함께 간 동료와 한참을 망설이다 결국 그 가방을 사지 않고 발길을 돌렸다고 한다.

"그 상점에 손님이라곤 나하고 동료 둘뿐이었어! 건너편에 있는 진짜 에르메스 매장에는 사람들로 붐볐는데……."

그렇더라도…… 친구는 말끝을 흐렸다.

"브랜드만 찾는 난 도대체 뭣 때문에 그러는 걸까? 이런 생각이 들더라니까……."

그 이야기를 들으며 나 또한 친구와 같은 생각이었다. 왜 우리는 에르메스 가방을 갖고 싶어하는 걸까? 반면 그 가방은 왜 갖고 싶지 않았을까? 디자인도 질감도 에르메스 진품에 전혀 떨어지지 않는 그 가방은 과연 무얼까? 무엇이 브랜드의 조건일까? …….

브랜드의 유행은 실로 대단하다.

에르메스의 인기는 세계 어디를 가나 여전하고, 루이비통 역시 미디어에 오를내릴 정도다. 오랜 불황 속에서도 브랜드 제품들만은 상승일로의 매출을 기록하고 있으며, 그 상승세는 앞으로도 계속 이어질 전망이다.

가방 하나만 보더라도 에르메스, 루이비통, 샤넬, 구치, 프라다, 코치 등 다양한 브랜드가 있다. 우리는 주변에서 수십만 엔하는 고가품을 흔히 볼 수 있다.

그렇다. 브랜드는 '고가품의 대중화'를 이루었다. 예전에는 쉽게 넘볼 수 없었던 고가품들이 이제는 20대 여자들도 수월하게 손에 넣을 수 있도록 우리 앞으로 가까이 다가서고 있다. 명품과 대중이 훌륭하게 '결혼'을 했다고 할 수 있겠다.

하지만 브랜드는 원래 대중과는 거리가 먼 사치품이었다. 에르메스는 물론 루이비통의 기원을 거슬러 올라가 보면, 두 브랜드 제품들은 일부 특권계급만을 위한 사치품이었음을 알 수 있다. 그렇기 때문에 그 '이름'들은 화려한 아우라를 띠며 우리를 끊임없이 빨아들이고 있다.

기원의 아우라.

브랜드가 대중에게 한층 다가선 오늘날 명품(럭셔리) 브랜드는 더더욱 그 아우라를 발산하며 빛나고 있다.

이 책의 목적은 이들 명품 브랜드를 통해 브랜드의 조건을 생각해 보는 데 있다.

과연 무엇이 브랜드를 브랜드답게 만드는가?

이 책에서는 업계에서도 최고를 다투는 브랜드인 루이비통, 에르메스, 샤넬 세 가지를 다룬다. 이 세 브랜드는 각각의 브랜드 콘셉트가 명확하게 다르기 때문이다.

가령, 에르메스와 샤넬 두 브랜드의 경우 어느 쪽이나 고가 정책을 취하고는 있지만 시대 흐름을 읽는 방법에 차이가 있다. 샤넬이 끊임없이 시대에 편승하는 트렌드 추종 방식이라면, 에르메스는 오히려 유행과는 동떨어진 입장을 취하고 있다. 샤넬이 계절별 매혹을 판다면, 에르메스는 영원성에 중점을 둔 판매를 하고 있다고 할 수 있다.

그렇지만 이런 차이는 현대적 시각에서만 보면 쉽게 구분하기가 어렵다. 에르메스와 샤넬 두 브랜드는 본래 탄생 방식이 전혀 다르다. 19세기에 생겨난 에르메스는 같은 세기에 태어난 루이비통과 함께 전통을 중시하는 메종 브랜드의 전형이다. 왕후귀족을 대상으로 오늘날과 같은 번영을 이루어낸 두 브랜드는 영원성과 귀족성을 지향한다.

이에 반해, 20세기에 태어난 브랜드인 샤넬은 대중의 힘을 배경으로 태어났고 대중과 호흡을 같이한다. '패션을 거리로'는 샤넬의 창시자인 가브리엘 샤넬(코코 샤넬)의 정신이기도 하다. 샤넬은 '영원'한 작품을 추구하는 다른 사람들을 적으로 돌리고 다음과 같은 말을 남겼다.

"모드(유행)는 거리에서 자연히 죽음을 맞이한다."
"애초부터 없던 생명을 어떻게 지킬 것인가!"

이렇게 거리에 나서고 유행에 도전한 샤넬의 브랜드 콘셉트와 '영원성'을 중시하는 에르메스 사이에는 19세기와 20세기라는 차이가 있다.

둘의 차이는 유럽형 자본주의와 미국형 자본주의처럼 크다고 할 수 있다.

입으로는 명품 브랜드라고 해도, 조건은 결코 같지 않으며 때론 첨예하게 대립하기조차 한다. 언제, 어떠한 사회배경에서 탄생했는지 여부, 즉 브랜드 각각의 기원이 콘셉트의 차이를 초래했다.

이 책은 이와 같은 브랜드 탄생의 순간을 파헤치고 그 기원의 비밀을 캐내어 브랜드의 본질을 재조명하는 데 목적이 있다. 루이비통은 언제 어떻게 오늘날과 같은 번영의 길을 걸어왔고, 에르메스는 무엇을 전략으로 삼아 자기 브랜드를 구축해 왔는가? 그리고 샤넬은 어떻게 19세기형 브랜드들과 싸우며 20세기형 브랜드를 세상에 유행시켰나? 다시 말해서, '브랜드의 힘' 본질을 매종의 생성 역사부터 쫓으려는 게 우리의 방법이다.

자연히 그 방법은 유럽과 미국 그리고 일본의 비교 문화론과도 접목될 것이다.

왜 명품 브랜드일까?

사치가 우리 인간사회의 존립 요건이기 때문이라고 한다면 지나친 과장일까.

일찍이 사치품은 성스러운 것으로서 신에게 받쳐지는 공물이었다. ‘하늘’의 은혜를 기원하며 신에게 바쳐지는 ‘땅’의 것들은 풍요로움의 유무를 떠나 그 땅에서 가장 풍성하고 아름다우며 정성을 다해 선택된 것이어야 하고, 그런 의미에서 최고가 되어야 했다. 사치품은 정치에도 있지만 종교에도 있어서 축제에 빠지면 안 될 필수품이었다.

아주 오랜 옛날 성스럽고 고귀한 아우라를 발산하는 것들은 세기를 거치면서 ‘세속화’ 해 신이 없는 세계의 도래와 더불어 우리가 사는 대중 시대까지 이어져 왔다. 특히 대중 가운데서도 여성들에게 가깝게 퍼져갔다. 옛날 사치품을 신에게 바치던 부족의 장(長)이 남자였고, 왕궁에서 사치를 누렸던 왕족들도 남자인 것과는 사뭇 대조적이다.

언제 어떻게 해서 사치가 여성의 영역이 되었을까? 브랜드의 기원과 현재를 탐구하는 우리들의 물음은 이렇듯 하나의 주제와 만난다.

브랜드는 왜 여성의 전유물이 되었을까? 그리고 그 현상은 언제까지 이어질 것인가?

결국 이 책의 브랜드론은 자연스럽게 사치 문명론과 연결될 것이다.

 차례

1

브랜드의 탄생

: 루이비통은 어떻게 루이비통이 되었나?

1 브랜드와 유행은 양립하지 않는가?

유행하는 브랜드

브랜드 상품은 이제 일상화되었다.

루이비통(Louis Vuitton), 코치(Coach), 구치(Gucci), 샤넬(Chanel), 에르메스(Hermès) 등 다양한 브랜드 가방을 든 수많은 여성들이 거리를 오가고 있다.

그중에서도 루이비통은 유난히 눈에 띈다. 특히 여러 가지 형태와 디자인이 독특하다. 예전만 해도 루이비통이라 하면 도장을 찍은 것처럼 똑같은 모노그램이 들어가 있는 가방뿐이었는데, 요사이는 다른 디자인들도 자주 발견된다. 예를 들어, 에나멜 광택이 멋진 베르니(vernis) 라인, 중후한 가죽의 에피(epi) 라인 가방이 있고, 역이나 공항에서는 바퀴가 달린 트렁크도 볼 수 있다. 루이비통도 상당히 다양해졌다.

유행의 세계로 들어가 전통의 가방을 화려한 가방으로 보이게 하는 것, 이는 오랫동안 이어져 온 명품 브랜드의 파격적 전략이었다. 1997년 루이비통사는 뉴욕의 신진 디자이너인 마크 제이콥스(Marc Jacobs)를 스카우트해 미국식 캐주얼 테이스트를 제품으로 내놓았다. 이 작전은 훌륭하게 성공을 거두었다고 할 수 있다. 마크를 영입한 이후 5년 동안 루이비통의 매출은 이전보다 3배나 증가했다.

그 이후 루이비통의 유행 전략은 예상 대로 좋은 성적을 올리고 있다. 2006년에도 루이비통은 제이콥스의 디자인으로 색상과 질감에서 이전과 비교도 안 될 정도로 변화된 크루즈(cruise) 라인의 신제품을 내놓았다. 루이비통은 최근 10년 동안 빠르게 유행의 세계에 접근해 착실하게 젊은층들을 사로잡고 있다.

2002년 일본에서 한 루이비통 점포 오픈 때, 1,000명이 넘는 사람들이 철야를 하며 진을 쳤던 사건이 지금도 생생하다. 오픈하는 그날 하루만 1억 엔의 매출을 올렸다고 하니, 루이비통의 인기는 실로 엄청나다 하겠다. 도쿄에서도 유행에 한발 앞서 나가는 마니아층이 루이비통에 열광했다.

일본에서의 이러한 열기에는 일본의 아티스트인 무라카미 다카시(村上隆)와의 콜레보레이션(collaboration)도 한몫했다. 현재 세계 아트계의 총아로 평가받는 무라카미는 전통적인 모노그램 형태에 벚꽃 잎과 체리를 흩뿌려 아름다움을 강조했고 대중적인 디자인으로 '차(茶) 색상 루이비통'의 이미지를 일신했다(23쪽).

무라카미 다카시가 디자인한 모노그램-체리 블라섬
(cherry-blossom) 라인의 가방

무라카미는 2003년 벚꽃 문양과
일본 만화 캐릭터인 포케몬 등을 디자인에
응용한 체리 블라섬, 모노그램 멀티컬러,
아이(eye) 러브 모노그램 등을 선보여
세계적으로 주목을 받았다.

분홍에서 밝은 블루까지 30가지 이상의 색을 박아 넣은 멀티 컬러는 발랄함으로 '화려한 루이비통'의 이미지를 강력하게 어필하고 있다. 2,000만~3,000만에 이르는 일본 여성 44% 즉, 둘 중 하나가 제품을 갖고 있다고 할 정도로, 루이비통은 유행의 세계와 접목을 꾀하고 있다.

루이비통만이 아니다. 최근 10년 정도 유럽 명품 브랜드의 유행화 전략 움직임은 절정에 이르고 있다.

그 시작에는 구치가 있었다. 1994년 침체기에 빠져든 이 전통 브랜드는 미국의 영민한 디자이너 톰 포드(Tom Ford)를 크리에이티브 디렉터로 발탁해 순식간에 뱀부 백(bamboo bag: 손잡이를 대나무로 만든 구치의 여성용 가방)을 유행시켰다.

일본에서는 긴자, 하라주쿠 그리고 심지어는 지방 도시에까지 구치 뱀부가 넘쳐났다. 단숨에 유행 브랜드로 변신한 구치의 매출은 급증했다. 구치에 자극 받은 크리스티앙 디오르(Christian Dior), 지방시(Givenchy), 셀린(Celine) 같은 유럽의 전통 브랜드들도 재능 있는 디자이너들을 기용해 젊은 피를 수혈하고 패션성을 강조하는 경향으로 흘러가고 있다.

루이비통에 이어 브랜드 업계 2위를 달리고 있는 에르메스 또한 예외는 아니다. 루이비통이 마크 제이콥스를 발탁해서 기성복의 프레타포르테 부문에 뛰어든 해에 에르메스도 마르탱 마르지엘라(Martin Margiela)를 채용해 프레타포르테 부문에 참여하고 2004년부터 마르지엘라 대신 장 폴 고티에(Jean Paul Gaultier)를 디자이너로 기용해 화제를 불러일으켰다.

이렇게 전통 명품 브랜드가 앞 다투어 패션 세계에 눈을 돌려 '유행 상품'을 내놓고 있다.

이것은 브랜드 업계가 유례없이 확산되어 일부 특권계층에서 대중에 이르기까지 그 폭을 넓혔다고 볼 수 있다.

'사치'가 거리로 내려오다

이 움직임을 가속화시킨 것은 거대 브랜드인 루이비통 모에에네시(LVMH)의 존재다. 미국식 경영 능력을 자랑하는 베르나르 아르노(Bernard Arnault)가 이끄는 이 최대 브랜드 그룹은 세밀한 마케팅에 근거해 세계시장을 상대로 글로벌 경영전략을 펼치고 있다. 프레타포르테에서 가죽제품, 향수, 화장품, 와인, 나아가 백화점에 이르기까지 50개가 넘는 명품 브랜드를 거느린 LVMH는 전통 브랜드에 화려한 감각을 불어넣어 세계의 대중시장을 노린 경영전략을 연이어 성공시켰다. 1987년에 모에에네시와 합병해 LVMH가 된 루이비통은 이 브랜드 그룹 속에서도 탁월한 매출을 올리고 있는 업계의 선봉장이다.

프랑스의 철학자 질 리포베츠키(Gilles Lipovetsky)는 이렇듯 급격한 변화를 추구하고 있는 명품 브랜드의 움직임을 자신의 브랜드론인 《사치의 문화(Le Luxe éternel)》에서 다음과 같이 말하고 있다.

일찍이 부유한 부르주아 계층에 한정되었던 사치품은 점차 거리로 내려왔다. 대규모 브랜드 그룹이 마케팅 기법을 활용해 폭넓은 판로를 개척하는 경영으로 나아가는 현재 무엇보다 필요한 것은 고가품을 많은 사람들이 손에 넣을 수 있게 하여 '갖기 어려운 것을 갖기 쉽게 만들어주는 것'으로 변화시키는 일이다.

이렇게 명품 브랜드는 급속히 사람들에게 '접근하기 쉬운 것'이 되었다.

실제로 현재 일본에서 루이비통이 '접근하기' 어려운 것이라고 생각하는 사람은 그다지 많지 않다. 사람들은 대중적이고 예쁜 가방에 금세 친숙해지고, 가격대도 조금만 높은 정도라면 가방을 구입할 수 있다. 루이비통은 다채로운 얼굴을 하고 거리로 나온 것이다.

하지만 원래 유행과 브랜드는 상반된 개념이다.

에르메스의 가방은 왜 그처럼 사람들에게 동경의 대상이 될까? 그 이유는, 사람들이 에르메스를 쉽게 손에 넣을 수 없고 그 브랜드에 가까이 다가가기 어렵기 때문이다.

사실, '접근하기 어려움'은 브랜드 조건의 필수요소다. 이런 의미에서 브랜드에 사람들이 쉽게 친숙해진다는 사실은 브랜드의 경우 오히려 마이너스 요인이 될 수도 있다.

접근하기 어려운 것을 손에 넣는 만족감과 그와 동시에 쉽게 친숙해지는 느낌을 사람들에게 주는 루이비통은 양립할 수 없는 것을 마치 기적처럼 공존시켰다. 루이비통의 경이로운 인기는 한마디로 이 외줄타기의 묘미에 있다.

브랜드는 일상과는 다른 영원한 빛을 발산해야만 한다. 그와 동시에 '현재'라는 유행의 흥분을 사람들로 하여금 느끼게 해야 한다. 잠깐의 현재와 영원의 브랜드를 유행으로 다가가게 하려는 디자인 전략은 절대 양립할 수 없는 이 두 요소를 공존시키려는 서커스 기술 개발에 골몰하고 있다.

그렇다. 브랜드와 유행은 본래 양립하지 않는다.

우리의 브랜드론은 제일 먼저 이 사실을 분명하게 인식하고 들어간다.

　루이비통 재팬사의 전 사장 소우 고지로의 이야기는 시사하
는 바가 크다.

　마크 제이콥스가 기용되어 반향을 불러일으켰던 당시 루이비
통 재팬은 '루이비통은 변한다' 는 슬로건 카피 광고를 하며 독
자적인 선전 활동에 들어갔다(29쪽).

　그 이유를 소우는 이렇게 말한다.

"일본인들이 브랜드에 바라는 것은 영원한 가치가 으뜸이다. 따
라서 루이비통사는 '전통과 크래프트맨십 즉, 브랜드의 신뢰도
를 알리는 메시지' 를 전달하고 싶었다.

-〈광고비평〉, 1999년 3월호

　소우는, 꽃 모양 디자인의 개발로 유행에 다가선 루이비통이
잃어버릴 가능성이 있는 것들에 대해 위기감을 느끼고 있었다.

　그간의 사정을 밝히는 그의 말은 브랜드와 유행의 공존 불가
능성을 부각시켰다는 점이 흥미롭다. 그의 《사적 브랜드론(私的ブ
ランド論)》은 이렇게 설명하고 있다.

　디자이너의 디자인 능력으로 파는 디자이너 브랜드와 메종 브랜

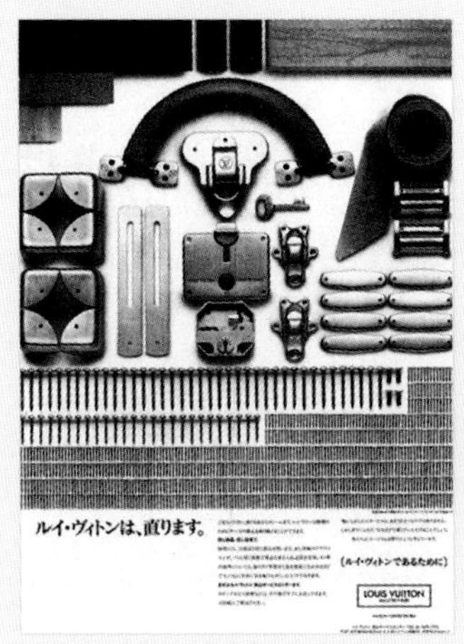

루이비통 재팬사에 의한 리페어(repair) 서비스
광고

리페어 서비스 광고는 시리즈 광고로
하드트렁크에 의도적으로 초점을
맞춘 것이지만, 그 목적은 '루이비통이
유행 브랜드와 혼동되지 않도록' 하는 데 있었다.

드의 사이에는 커다란 차이가 있다. 크래프트맨십에 의존하는 메종 브랜드에서는 역사와 전통, 기술, 철학, 미의식이 없어서는 안 된다.

유행업계로의 참여로 인해 루이비통이 잃어버릴지도 모를 요소는 바로 '역사와 전통'이다. 오랜 세월을 살아남고 미래에도 영원히 계속될 영원성이라는 가치야말로 브랜드를 브랜드답게 하기 때문이다.

그러나 유행은 현재에 흥분한다. 다음 시즌에는 이미 골동품이 되어 그 빛을 잃어버리는 순간의 흥분. 그 덧없음이 바로 유행의 매력 자체다. 유행은 현재가 전부다.

이것이 유행의 시제(時制)와 브랜드의 시제가 대립하는 까닭이다. 《사적 브랜드론》은 그것을 파는 입장에서 다음과 같이 말하고 있다.

앞서 말한 리페어 서비스 광고는 시리즈 광고로 하드트렁크에 의도적으로 초점을 맞춘 것이지만, 그 목적은 '루이비통이 유행 브랜드와 혼동되지 않도록' 하는 데 있다.

이것은 루이비통이 시대를 뛰어넘어 살아남을 수 있는 가치를 갖고 있다는 점을 다시 한 번 전달하는 내용으로 '루이비통은 유행에 민감하지만 유행 브랜드가 아니다' 라는 사실을 명확히 하고 싶었기 때문이다.

실제로 루이비통은 다른 어떤 브랜드보다 '영원성'을 파는 브랜드다. 이 의미에서 루이비통은 보수적이다. 마크 제이콥스의 발탁과 프레타포르테 부문 진출 당시 루이비통사 내에서도 적지 않은 저항이 있었다고 하는데, 이해할 만하다. 프레타포르테 부문에 참여하는 일은 시즌마다 옮아가는 변화의 세계에 몸을 던지는 일로, 영원성과의 이별을 뜻하기 때문이다.

유행은 '기원이 없는 출현'

유행은 언제나 변화를 추구한다. 특별한 이유 없이 지난 계절을 부정하고 언제나 새롭게 태어나려고 한다. 현재 하얀색이 빛난다는 것은 단순히 작년 유행이 검은색이었기 때문일 뿐이다. 내일 어떤 색이 유행할지는 아무도 모른다. 유행은 어떠한 이유와 근거도 없이 변화를 위한 변화를 노린다.

사회학자 장 보드리야르(Jean Baudrillard)는 《상징적 교환과 죽음(L' échange symbolique et la mort)》에서 이와 같은 유행의 속성에 대해 명언을 남기고 있다.

"유행이란 기원이 없는 출현이다."

유행은 어디선가 소리 없이 나타나 다음 계절에는 속절없이 사라져버린다. 유행은 기원이라는 것을 모른다.

하지만 브랜드는 반드시 기원을 갖는다.

루이비통 마르티에사 회장 겸 CEO인 이브 카르셀(Yves Carcelle)은 최근의 회사 역사 속에서 프레타포르테 사업 참여를 회고하며 이렇게 말한다.

"마치 그것은 생각이나 제작 측면 모두에서 브랜드의 기원과 혼을 잃어버릴지도 모를 위험성을 감수한 일이었다."

영원성을 추구하는 브랜드는 변하지 않고 언제나 같은 것을 중요시한다. 반면, 항상 똑같다는 것은 시대에 뒤떨어지고 낙오될 위험성을 안고 있다. 변하지 않기 위해서는 '신선함' 이 필수 불가결하다. 유행업계로의 진출은 루이비통으로서는 도약을 노린 목숨 건 모험이었다.

이러한 상황은 루이비통사에 한정되지 않는다. 모든 브랜드는 전통이라는 영원성과 유행이라는 순간의 빛, 즉 상반된 두 개념 사이를 오가는 외줄타기를 하고 있다. 이 어려운 감각을 체질화한 브랜드만이 슈퍼 브랜드의 지위에 오를 수 있다.

다시 말해 '유행 브랜드'는 흔하고 시대의 분위기에 편승해 유행하기도 하지만, 대부분은 얼마 지나지 않아 사라져버린다. 영원히 기억에 남기 위해서는 '브랜드의 기원과 혼'을 갖고 있어야 한다.

기원과 혼은 전통을 중시하는 브랜드인 루이비통에 어울리는 말이 아닌가.

분명히 루이비통에는 기원이 있다.

역사 속에서 빛나는 '기원'을 갖고 그 아우라를 띠는 것이야말로 명품 브랜드의 제1조건이다.

세계가 인정하는 최고의 브랜드 루이비통의 기원은 대체 어떤 것일까?

루이비통은 어떻게 루이비통이 되었나?

그 기원을 탐구하는 것이 우리가 당면한 과제다.

2

기원의 아우라: 시작에는 황실이 있었다

브랜드란 전설이다

프랑스어로 '메종(maison)'이라는 말은 '집'이라는 의미 이외에 '본점'이라는 뜻으로도 사용된다. 가령, 샤넬의 메종, 에르메스의 메종이 그렇다. 동시에 부르봉 왕가를 메종 드 부르봉이라고 하는 것처럼 메종에는 '가계(家系), 가문'이라는 의미도 내포되어 있다. 소우가 루이비통을 메종 브랜드라고 하는 것은 후자의 경우로 대대로 이어져온 '가업 브랜드'라는 뜻이다.

확실히 루이비통은 이러한 메종 브랜드의 전형으로 그 기원은 비통가(家)에 있다. LVMH라는 대그룹으로 변신한 현재도 루이비통의 존재는 창립자 루이 비통을 시작으로 대대로 이어온 비통가의 역사를 빼고는 설명할 수 없다.

사실 그렇게 말하는 장본인은 바로 비통 자신이다.

현재 나에게는 루이비통사의 공식 자료라고 할 수 있는 네 개의 자료가 있다. 하나는 루이비통의 자료집이다. 1987년 파리에 머물 때 비통박물관을 견학할 기회가 있었는데 그때 받은 것이다. 두 번째는 책으로 4대 사장인 앙리 루이 비통(Henry L. Vuitton)이 1984년에 편찬한 회사의 역사 《추억의 트렁크를 열고(La malle aux souvenirs)》다. 그리고 두 권의 책이 더 있다. 한 권은 회사와 인연이 깊은 저널리스트가 쓴 루이 비통 전기로 제목은 이름 그대로 《루이비통(Louis Vuitton)》이다. 마지막 한 권은 최근인 2005년에 출간된 대형 화보집으로 이 책의 제목 역시 《루이비통(Louis Vuitton)》이다. 부제가 '현대 명품의 탄생'으로 되어 있듯이, 이 책은 역대 명품에서 세계 각지의 점포는 물론 2005년 파리 상젤리제 거리에 완성된 본점까지 화려한 사진으로 가득 찬, 일반인을 대상으로 한 회사의 역사 광고서다.

프랑스와 영국에서 동시 출간된 이 화보집은 가방류와 함께 점포 앞에 진열되어 상품처럼 판매되고 있다.

우선 눈에 띄는 것은 신구 두 회사 역사책 모두 비통가의 가계도를 보여주고 있다는 점이다.

최신 화보집에는 맨 앞 두 페이지에 걸쳐 창립자 루이 비통을 시작으로 2대 조르주 비통, 3대 가스통 루이 비통, 4대 앙리 루이 비통까지 가계도가 실려 있다(36쪽).

그리고 눈을 돌려보면 창립자 루이 비통의 커다란 초상화가

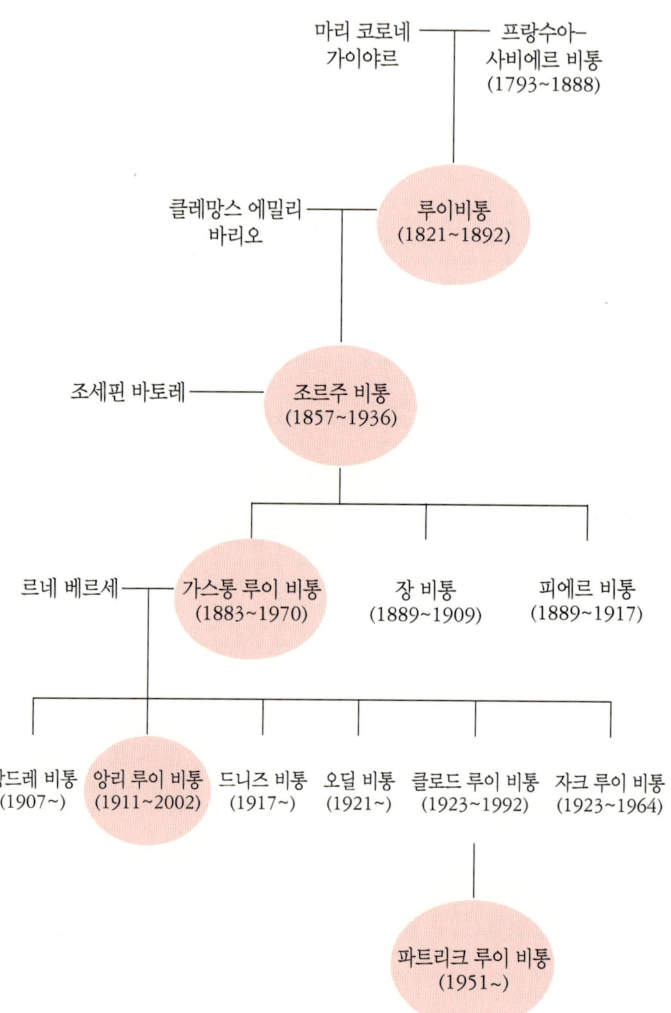

루이비통가의 가계도(《추억의 트렁크를 열고》, 1985. 《루이비통》, 2005년)

시야에 들어온다. 이어서 루이 비통의 출생증명서가 보이고…….

이와 같은 내용 구성은 네 자료 모두 같다. 네 자료 모두 루이 비통이라는 위인의 전설을 설명하는 다큐멘터리라고 해도 과언은 아니다.

자료에 대해 구체적으로 살펴보자.

제일 먼저 언급한 비통박물관 자료는 최신 회사 역사보다 간결한 만큼 핵심만을 정리해 놓았다. 제1장의 제목은 '루이비통, 전설의 세계'로 다음과 같이 시작된다.

1854년에 파리에서 창립된 목가구 제조업자 루이비통, 그 이름은 하나의 전설이다. 창립 이래 세련미의 극치를 달리는 창조의 연속과 번영하는 메종의 전설.

실로 당당한 자기 신화가 아닌가.

100년 이상의 전통을 갖는 명브랜드가 일족의 가계를 과시하는 것은 비단 비통가에 국한된 이야기가 아니다. 자동차 왕인 포드에도 똑같은 포드가 신화가 있고 같은 자동차업계의 도요다(豊田) 역시 창립자 도요다 사키치 신화가 있다.

헨리 포드(Henry Ford), 도요다 사키치(豊田佐吉), 루이 비통.

이들 대브랜드의 창립자 초상은 모두 회사의 상징적 아이콘이 되어 있다.

그중에서도 루이 비통의 신화는 훨씬 치밀하다. 또 한 권의 비통 전기인 《루이 비통》을 보아도 그 느낌은 강력하다. 가계도는 실려 있지 않지만 부제가 '어느 프랑스 일가의 전설'이다. 제1부 '신화의 탄생', 제2부 '루이 비통 제국', 제3부 '조르주 공화국', 제4부 '프랑스의 명가'로, 책은 글자 그대로 비통가 대대로 이어져 온 전설로 이루어져 있다. 철저한 메종의 신화 만들기가 아닌가.

그러나 생각해 보면, 루이비통의 경우 브랜드 본질에 대한 훌륭한 정의라고 할 수 있다. 왜냐하면, 브랜드는 전설에 지나지 않기 때문이다.

역사 속에서 세월과 함께 수많은 에피소드로 장식되고 번영을 이룬 전설!

기원 이야기

그 기원의 중심에는 창립자 루이 비통(1821~92)이 있다.

프랑스 쥐라의 산골짜기 마을의 가구 만드는 집에서 태어나

자란 소년은 웅지를 품고 단신으로 걸어서 파리로 향한다. 가난한 소년에게 걷기 이상의 교통수단은 생각하기 어려웠다. 2년여의 여정 끝에 드디어 파리에 도착한 루이의 나이는 16세. 그는 목가구 제조 및 이삿짐 사업을 하는 사람 밑에서 기술을 배우며 일하기 시작한다.

이렇게 창시자를 전설화하는 루이 비통 이야기는 분명히 브랜드 본질에 반영되고 있다. 기원의 신화. 그것이야말로 고급 브랜드의 조건이고, 전설이 없는 브랜드는 브랜드가 아니다. 리포베츠키의 이야기를 다시 한 번 빌리면, 슈퍼 브랜드는 반드시 '기원의 전설을 도입' 해 창조되고 '명품이 명품일 수 있는 것은 그것이 신화의 위치에까지 올라 소비되어 사라져가는 제품이 시간을 초월한 신화가 될 때 가능하다.'

명품(고급) 브랜드에 한해 '시간을 초월한 신화' 는 과장이 아니다. 왜냐하면, 고급이란 원래 '성스러운 것' 과 연결되기 때문이다.

아주 오랜 옛날 사치품의 발원은 피안의 세계에 있는 신들에게 바쳐지는 공물이었다. 풍요를 기원하고 안위를 비는 사람들은 하늘의 은혜를 받기 위해 최고의 물품만을 신에게 바쳤다. 공물이 인간이라면 장자(長子)를 바쳤고, 산물일 경우 최초의 수확물을 올렸다. 필요 이상으로 남기 때문에 사치(고급)가 있었던 것이 아니라 하늘이 부여한 자원 중에서 최고로 좋은 것만을 골라 하늘에 돌려주는 것이 의례였다. 성스러운 것과 교환되는 것은 반드시 그 땅의 최고 우량품이었다. 여기서 바쳐지는 것은 고급 이상의 것, 즉 성스러운 것이었다.

역사의 흐름 속에서 이와 같은 의례는 사라져가고 있고, 산업 사회의 도래와 함께 사치는 전혀 다른 형태로 변하고 있다. 처음에 말한 대로, 사치는 세속화의 길을 걸어 언제부턴가 브랜드라는 이름을 한 채 거리로 나왔다.

그러면서 명품 브랜드는 왠지 모르게 화려한 비일상의 아우라를 띠게 되었다. 우리가 사는 핸드백과 트렁크는 성스러운 기운을 띠고 이 세상을 초월하는 빛을 발산하며 그 아우라를 불러일으키는 마법의 주문이 되어 루이비통이라는 유서 깊은 '이름'으로 남는다.

그렇다고 루이비통의 상품을 사는 소비자가 이 전설을 결코 고마워하지는 않는다. 전통의 멋을 느끼기는 해도 루이의 초상화나 전설에 흥미를 보이거나, 그 이유로 인해 상품을 구매하는 손님은 거의 없다. 필요한 것은 단 하나, 전설의 문을 여는 마법의 주문인 '루이비통'이라는 이름뿐이다.

다시 말해서 루이비통이라는 이름은 전설의 화신이다.

네임밸류란 문자 그대로 '이름의 값어치'인데, 우리는 바로 돈을 주고 전설을 사는 것이다. 단순히 핸드백만이라면 별거 아니지만 루이 비통이라는 이름이 붙으면서 그 핸드백은 가격이 치솟는다.

이는 고품질의 대가에 '전설'의 값이 지불된 것이다. 이런 의미에서, 브랜드는 정보상품에 지나지 않는다. 비통이라는 이름의 가치를 모르는 세계라면, 그런 가방은 아무런 가치도 없다. 반대로 그 이름이 통용되는 세계에서는 루이비통을 갖고 있다는 자체가 하나의 의미가 될 수 있다. 가방의 가격은 '전설=정보'의 가격이다.

또 하나의 기원

이야기가 조금 앞서 나갔다. 루이비통 전설을 계속 살펴보도록 하자.

루이의 초상화와 출생증명서 부분을 보면 또 다른 '기원'의 전설이 나타난다. 구체적으로 들어보겠다. 우선 처음에 소년 루이의 파리 도착을 이야기한 《루이비통: 현대 명품의 탄생》은 '제2제정의 현란한 세계'로 첫 장의 막을 연다. 여기에는 화려한 의상으로 감싼 황후 외제니와 궁정의 고아한 정경이 나오고, 여기서부터 우리는 미개사회의 세계에서 벗어나 현대적 감각의 고급 신화 세계로 들어간다.

박물관 자료는 오늘날 가방으로 더더욱 유명해진 루이 비통이 원래는 '목가구 제조업자 겸 이삿짐업자'로 불리는 장인이었다는 사실을 말해 주고 있다.

'전통의 힘'이라 이름 붙은 제2장은 처음부터 다음과 같이 시작된다.

1851년 나폴레옹 3세는 프랑스 황제에 등극했다. 외제니 황후는 궁정을 옮길 때마다 튈르리 궁에 젊은 이삿짐꾼을 한 사람 두었다. 그는 수많은 아름다운 의상과 호화로운 크리놀린(crinoline)을 누구보다도 익숙하게 상자에 정리했다. 그 젊은이의 이름이 바로 루이 비통이었다.

루이는 젊어서 외제니 황후에게 자신의 기술을 인정받아 궁정 상인으로 초빙받는 영예를 얻었다. 이렇게 해서 '로열 브랜드' 루이비통이 탄생한다.

황실(왕실) 상인이라는 영광은 현재 볼 수 있는 모든 자료에 불(火)의 문자로 새겨져 있다. 루이 비통이라는 이름은 황실의 권위와 신용의 힘을 등에 업고 최고의 명성을 누리게 된다. 이때부터 루이가 만드는 물품은 화려함을 대표하며 마법의 가격이 붙게 되었다고 할 수 있다. 황실의 권위가 루이 비통이라는 이름에 권위를 실어준 결과다.

황실 상인

기원의 전설 내용을 좀 더 자세히 보기 위해 또 다른 전기 《루이비통》을 살펴보자.

이 책에서는 내용이 이야기식으로 전개된다.

제2제정은 궁정 연회가 화려하게 열리던 시대다. 연회 때마다 호화로운 드레스가 연회장이 있는 성으로 옮겨졌다. 이 시대는 목가구 제조업자가 번성기를 누리던 때라고 전설은 말하고 있다. '황후는 이삿짐업자들의 단골손님이었다. 황후는 자신의 의상 정리를 위해 파리에서 가장 이름 높은 마레샬(Marechal) 가게를 지명했다.' 마레샬은 너무도 감격해 가게에서 짐을 제일 잘 꾸리는 루이 비통을 엘리제 궁으로 보냈다.

견습생이던 루이 비통은 세심한 주의를 기울여 거대한 의상 상자를 정리했다. 손이 떨렸다. (……) 젊은 황후가 지켜보는 가운데 루이는 외제니 황후가 최고로 아끼는 장미와 진주빛 의상과 옅은 보라색 드레스를 정성껏 정리했다.

루이 비통의 세심함과 능숙함 그리고 빠른 손놀림은 황후를 흡족하게 했다. 루이는 분명 귀여운 얼굴의 소유자는 아니었지만, 황후는 어느 날 아침부터 루이에게 자신의 의상을 맡아서 정리하라는 명령을 내렸다.

이상이 궁정 황실 상인이며 목가구 제조업자 루이 비통의 탄생 장면이다. 외제니 황후가 결심을 굳힌 그날 아침 미래의 트렁크 상인인 루이 비통이 번성하는 초석이 마련되었다. 그날이 수대에 걸친 메종의 탄생을 약속하는 기념비적인 전기가 되었다. 그날이야말로 루이 비통에게는 역사적인 기념일이고 창업의 기원이 되는 날이다.

기술자를 꿈꾸는 루이는 쥐라의 시골 마을에서 파리로 나온 수많은 사람들 중 하나였다. 하지만 어느 날 그는 외제니 황후의 황실 상인이라는 최고의 영예를 안았다. 고객의 권위는 보잘것없었던 목가구 제조업자 겸 이삿짐업자에게 절대적인 신용을 주었다. 그로부터 3년 후 마레샬 가게에서 독립한 루이는 당시 파리에서도 가장 번화한 뤼 네뷔데 카푸신 4번가에 루이비통이라는 자신의 이름으로 가게를 열었다.

그 후 루이의 가게가 얼마나 번창했는가는 말할 필요도 없다. 황실 상인이라는 기원의 아우라는 마치 순풍에 돛을 달아주어 루이비통은 프랑스의 명문귀족을 고객으로 삼았고, 나아가서는 세계의 왕후 귀족들을 대상으로 발전의 기틀을 쌓아갔다.

브랜드는 전부 로열

처음엔 왕실(황실)이 있었다.

여기서 중요한 사실 두 가지가 있다. 먼저 첫째는 고급 브랜드는 특권계급을 고객으로 해서 탄생한다는 점이다. 이런 의미에서 고급 브랜드는 ―미국식 브랜드와는 구별해서― 본질적으로 로열 브랜드다. 다루는 상품이 고급인 까닭은 고객이 왕후 귀족이기 때문이다. 브랜드는 원래 귀족의 것이다. 따라서 당연히 제품은 사치품이 된다.

또 다른 포인트는 권위와 신용의 근거 문제다.

고급 브랜드의 아우라라고 하지만, 사실 그 기원의 배경으로 볼 때 아우라를 발산하는 쪽은 고객인 왕실이다. 당연하게 들리겠지만, 이 역사적 기원의 문제를 망각한 브랜드론은 근본적으로 잘못된 인식에서 출발하기 쉽다.

질문 형식으로 문제를 정리해 보자.

루이비통은 루이비통이기 때문에 가치가 있다.
루이비통은 고객이 왕실이기 때문에 가치가 있다.

일반적으로 생각하면, 첫 번째는 단순히 같은 뜻의 반복일 뿐 왜 이런 가치가 생성되는지 근거를 제시하지 못한다. 이와 같은 경우는 또 다른 브랜드를 예로 들어도 좋다. 루이비통 브랜드 대신 다른 브랜드 이름으로 바꾸면 된다. 예를 들어,

에르메스는 에르메스이기 때문에 가치가 있다.

샤넬은 샤넬이기 때문에 가치가 있다.

예는 한도 끝도 없지만 어떤 명제도 '순환논법'이고 어째서 가치가 만들어지는가는 논거가 불확실하다.

그러나 이러한 논법이 아무런 의문도 없이 세상에 통용되는 것 또한 의심할 여지 없는 사실이다. 앞서 이야기한 어느 에르메스 모조품 가방을 떠올려 보자. 왜 우리는 그 가방을 갖고 싶어 하지 않았나? 다시 말해서 이름이 가치의 근거다.

그렇지만 도대체 왜 이름이 가치의 근거가 되는가? 이렇게 물음을 계속하다 보면 그곳에 역사적 기원이 떠오르게 된다.

황실(왕실)은 제2제정의 프랑스에서 최고의 권위이고 또한 최대 신용의 원천이었다. 루이비통의 이름에 권위와 신용을 부여한 것은 고객인 황실이었다. 다시 말해, 앞서 말한 물음에 대한 정답은 두 번째다. 이 의미에서 모든 브랜드는 본질에서부터 로열 브랜드라고 하지 않으면 안 된다. 이 경우 정확한 답을 말하면 '로열은 황실 브랜드'일 것이다.

상징자본

그러나 황실에 의해 부여 받은 권위와 신용은 역사의 흐름과 함께 어느 순간부터 고객을 떠나서 루이비통의 속성으로 이동해 간다. 나폴레옹 제정이 망하고 공화정 시대가 들어섰으나 루이비통은 제정의 존속과 관계없이 착실히 자신만의 제국을 구축해 나간다. 고객의 권위를 빌린 트렁크 상인이 아니라 자신의 이름으로 아우라를 발산하는 트렁크 상인으로 성장해 가는 것이다.

프랑스 사회학자 피에르 부르디외(Pierre Bourdieu)는 금융자본과 기술자본 등 시장에서 유통되는 다양한 자본 중에 사람들의 인지와 승인에 의해 '신용'으로 기능하는 자본을 상징자본이라 칭하고, 그것이 만들어내는 상품을 상징재라 부르고 있는데, 루이비통이라는 '메종'의 '이름'은 당당히 상징자본이 되었다.

이렇게 현대적 사치품이 탄생한다…….

기원은 망각의 저편으로 사라지고 '루이비통은 루이비통이기 때문에 가치가 있다'는 상징자본의 논리가 시장에 퍼져간다. 마술 같은 이름의 연금술이다. 그렇다고 해도 루이비통사는 결코 자신의 기원을 망각하지 않는다. 루이비통의 신용이 되는 근원은 황실의 권위다. 그것이야말로 루이비통의 '뿌리가 되는 혼'이라는 사실은 지금까지 자료를 통해 여러 차례 확인한 바 있다.

여기서 우리는 또 다른 문제와 마주치게 된다. 바로, '기원의 기원'이라는 문제다. 그렇다면 상인에게 신용을 부여한 황실, 즉 나폴레옹 3세는 그 권위를 어디서 부여 받은 것일까?

여기까지 오면 대답은 오로지 하나뿐이다. 황제는 하늘로부터 권위를 부여 받았다. 국민투표로 뽑힌 황제지만 나폴레옹의 혈통을 계승하는 황제의 자리는 신이 내린 것이다. 더욱이 민심은 제2제정을 압도적으로 환호하며 승인했다. 제2제정의 역사를 살펴보는 일이 이 책의 과제는 아니지만 공화제의 프랑스가 아닌 권위의 제정이라고 불린 이 시대의 프랑스에 루이비통을 비롯한 많은 고급 브랜드가 탄생한 것은 결코 우연이 아니다.

귀족 제품 루이비통

어느 경우든 루이비통 같은 전통 메종 브랜드는 자신의 출신을 아주 소중히 여기고 그것을 현대적으로 탈바꿈시켜 비즈니스에 이용한다. 루이비통은 창립 기념을 비롯해 회사의 역사상 전성기를 이룬 시점을 기념해서 한정 상품을 판매한다.

1996년 모노그램 캔버스(Monogram Canvas) 탄생 100주년 기념 캠페인이 좋은 예다. 1896년에 2대 사장 조르주 비통은 모방 방지를 위해 이니셜인 L과 V를 고안하고, 그 모노그램 캔버스를 만들어 특허를 취득했다. 루이비통은 이 모노그램 탄생 100주년을 기념해 '모노그램 세븐 디자이너스 프로덕트'를 출시했다. 아제딘 알라이아(Azzedine Alaia), 비비언 웨스트우드(Vivian Westwood), 마놀로 블라닉(Manolo Blahnik), 헬무트 랑(Helmut Lang), 로메오 질리(Romeo Gigli), 아이작 미즈라히(Isaac Mizrahi), 시빌라(Sybilla) 등 개성이 넘치는 현대 디자이너가 각각의 오리지널 모노그램 가방을 디자인해 대대적 광고 캠페인을 벌였다.

이 제품들은 '한정품'으로 고객의 차별화를 노렸다기보다는 오히려 루이비통이라는 유서 깊고 전통 있는 모노그램을 알리는 동시에 유행의 현재성을 어필했다고 말할 수 있다. 생각하면 100주년 기념이라는 이벤트만큼 브랜드의 '역사'와 '현재성'을 과시할 좋은 기회도 없다.

실제로 기원의 아우라를 계속 유지하기 위해서는 이렇게 끊임없이 과거의 신화를 활성화하고 신화의 쇄신과 영속화를 꾀하지 않으면 안 된다. 황실 상인이라는 기원을 자랑하며 동시에 현재하는 유행에 뒤떨어지면 안 되는 것이다. 상징자본은 유지하는 일 자체가 엄청난 자본이다. 전통을 지키기 위해서는 새로워져야만 한다. 게다가 로열 브랜드이면서 대중시장에도 호소할 수 있어야 한다.

루이비통의 양면 전략이 어떤 브랜드보다 뛰어난 성공을 거두어 대중의 세계 일본에서 기록적인 매출을 기록하고 있는 사실은 주지하는 바다. 믿을 수 없을 정도의 실적에 다음과 같은 의문이 이는 것은 어쩌면 당연한 일일 것이다.

일본 사람들은 왜 그렇게 루이비통을 좋아하는가?

전통을 중시하는 루이비통이 오래 사용해도 되는 내구성 제품이기에 소우 전 사장의 대답은 정곡을 찌르고 있다. 그렇지만 우리가 여기서 문제 삼는 것은 이 의문에 점차 다음과 같은 뉘앙스가 묻어 있다는 점이다. 누구나가 루이비통의 가방을 메고 있는 현상을 보고 눈살을 찌푸리는 사람들은 대부분 "어울리지도 않는데……"라는 불만을 토로한다. 즉, 맞지 않는다는 뜻이다.

편협된 지적이긴 해도 잘못되었다고만은 할 수 없다.

지금까지 살펴본 대로, 루이비통의 제품은 귀족 제품이기 때문이다. 일반 대중이 귀족재를 갖는 자체가 어울리지 않을 수 있다. 본국인 프랑스는 물론 계급사회의 전통이 강한 유럽에서는 대단한 재력이 없는 젊은층이 루이비통을 소유하는 경우는 드물다. 아직까지도 루이비통은 귀족재라는 인식이 강하게 자리 잡고 있기 때문이다.

대중의 귀족재?

원래 귀족재로 시작된 제품을 대중이 구입하는 것은 '이상한' 일일까?

이 물음에 대한 대답은 이 책 전반에 걸쳐 다루는 내용이므로, 일단 여기서는 귀족재인 루이비통의 본래 모습, 즉 로열 상징재로서 루이비통의 모습을 살펴보도록 하겠다. 이것이 대답에 접근하는 방법이기 때문이다.

확실히 루이비통은 처음부터 귀족재였다. 이것을 보다 쉽게 설명하기 위해 우리는 때때로 다음과 같이 말하곤 한다.

"루이비통은 애초에 자신이 직접 드는 것이 아니야. 하인에게 들게 하는 거야 그 가방은……."

사실 외제니 황후는 많은 의상 상자를 궁정에서 부리는 하인들에게 들게 하고 마차에 실어 목적지로 운반시켰다. 그리고 목적지 성(城)에 이르러 그 물건들을 꺼내는 것도 하인이었고 게다가 그 옷들을 입는 일도 외제니 황후의 일이 아니었다. 황후가 옷을 입도록 도와주는 사람도 시녀였다.

자신이 자기 의상 상자에 드레스를 정리하는 일은 물론 자신이 그 드레스를 입는 일 또한 황후의 권위와 체면을 손상시키는 일이다. 베르너 좀바르트(Werner Sombart)의 《사랑과 사치와 자본주의(Liebe, Luxus Und Kapitalismus)》는 궁정사회의 사치에 대해 다음과 같이 말하고 있다.

이 모든 것을 통해 볼 때, 사치의 본질은 내용적으로도 귀족적이었다. 그것도 이러한 종류의 사치는 일반 대중에게 다다르지 못하고 선택 받은 극히 일부 사람들만이 향유할 수 있는 소극적 의미가 아니었다. 당시의 사치는 어떠한 곳에서도 최고로 고귀한 풍속을 보여준다는 점에서 적극적으로 귀족적이었다.

루이비통의 브랜드는 하인에게 들리는 것뿐만이 아니었다. 그 나무상자는 주인의 의뢰와 넣는 물품에 맞추어 만들어진 것이었다. 루이비통은 트렁크 상인이기 이전에 목가구 제조업자이고 또한 이삿짐업자였다(54쪽).

당연히 루이비통 제품들은 주문품이었고 기성품을 주력 상품으로 하기 시작한 것은 한참 뒤의 일이 된다.

이 주문 서비스는 일본 점포에도 개설되어 큰 인기를 누리고 있다. 본래 귀족재였을 때의 노하우를 현대적으로 수정해서 고객에게 '프티 귀족' 적인 만족감을 파는 것이다.

루이비통의 부인용 트렁크. 원래 목재 상자였다

그 나무상자는 주인의 의뢰와
넣는 물품에 맞추어 만들어진 것이었다.
루이비통은 트렁크 상인이기 이전에
목가구 제조업자이고 또한 이삿짐업자였다.

3 명품의 탄생: 제국과 만국박람회

트렁크 명사록

이야기를 당시로 돌려보자. 분명 루이비통의 주문 제품은 일반 대중과는 먼 쟁쟁한 세계의 왕후 귀족과 명사들의 전유물이었다. 루이비통 관련 자료는 대부분을 갖고 있다고 자랑하는 〈트렁크 명사록〉을 열어보자.

그 안에는 이집트의 부왕(副王) 이스마일 파샤의 특급 주문품이 있다.

1869년 수에즈운하 개통 기념 축하행사를 위해 파리를 방문한 이스마일 파샤 부왕은 루이 비통에게 운하 개통식 때 자신이 사용할 트렁크를 주문했다. 트렁크는 과일을 운반하기 위한 상자로 내용물이 손상되지 않도록 스노코(나무 받침대)가 부착되어 있었다.

이스마일 파샤는 주세페 베르디에게 오페라를 만들도록 지시한 인물로, 그의 명령에 의해 완성된 오페라가 바로 〈아이다

(Aida)〉다. 이스마일 파샤의 힘이 느껴지는 대목이다.

비통은 세계의 왕후를 고객으로 명성을 쌓았다. 스페인의 알폰소 12세도 트렁크를 특별 주문했다. 1878년 파리 만국박람회에 내빈으로 초청된 그는 박람회에 전시된 루이비통의 고품격 트렁크에 매료되었다. 그리고 루이 비통은 몇 년 후 이번에는 오스만의 술탄인 아브뒬하미드 2세에게서 트렁크 주문을 받았다. 의류를 넣기 위한 세 개의 서랍이 장착된 그 트렁크는 내부에 금으로 장식한 장미색 띠가 있는 호화로운 제품이었다.

지금도 비통박물관에 발자취를 남기고 있는 수많은 호화 특수 제품의 트렁크들은 루이비통이 얼마나 고급 브랜드인가를 암암리에 보여주고 있다. 동시에 이 명품들은 루이비통이 얼마나 고객의 권위에 의해 메종의 이름을 드날렸고, 그와 함께 상징자본의 힘을 유지하기 위해 얼마나 많은 노력을 기울였는지 보여주고 있다. 이러한 의미에서 '루이비통은 루이비통이기 때문에 가치가 있다' 라는 전설이 확립된 것은 최근에 이르러서다.

그리고 루이비통이 자랑으로 삼는 것은 고객뿐만이 아니다. 역대 루이비통이 점포를 열었던 입지도 메종의 프리스티지(명성) 증거였다. 루이비통이 최초로 점포를 연 곳은 파리에서 유명한 뤼 네뷔데 카푸신 4번가. 곧이어 오페라극장 공사가 시작되고, 그 오페라극장은 문자 그대로 파리 사교계의 중심지가 된다.

가까운 라페 거리에는 오트쿠튀르(houte couture) 시조가 되는 찰스 프레더릭 워스(Charles Frederick Worth)가 메종을 열어 루이 비통과 친교를 쌓았다. 나중에 언급하겠지만, 워스야말로 현대 명품 브랜드의 기반을 구축한 사람이다.

라페 거리에는 워스뿐 아니라 카르티에(Cartier)와 겔랑(Guerlain)이라는 쟁쟁한 브랜드들이 줄이어 있는 곳이기도 하다. 입지 역시 메종의 권위를 지켜주는 필수 불가결의 조건이다. 토지의 '이름'도 품격 높은 마력을 지니기 때문이다. 루이비통은 사업 확충과 더불어 몇 차례 점포를 이전하지만 마지막으로 정한 장소는 현재의 기반이 되는 샹젤리제다. 2005년 대대적인 개축 작업을 거쳐 새롭게 단장한 루이비통 본점은 훌륭한 하이테크 건축을 뽐내며 샹젤리제 거리의 명물이 되었다.

현재 루이비통은 파리 본점을 근거로 세계 각지에 300개가 넘는 점포를 열고 있는데, 모든 점포가 그 나라에서 최고의 요지에 자리하고 있다. 미국의 경우 뉴욕 5번가, 일본은 명품 브랜드의 메카가 된 긴자 그리고 현재 유행의 거리로 이름이 드높은 번화가다. 도시의 이름이나 거리의 이름 모두 명품 브랜드에 없어선 안 될 아우라를 띠고 있는 것이다.

제국의 축전

카르티에, 겔랑, 그리고 워스 등 라페 거리에 메종을 열고 있는 브랜드 모두가 외제니 황후의 왕실 상인이다. 앞에서도 언급했듯이, 이것은 우연이 아니다. 제2제정은 명품 브랜드가 탄생할 만한 시대였다. 1853년부터 1870년까지는 프랑스가 평화를 누리고 극적인 경제 번영을 이루며 소비문화가 질적 전환을 이룬 시대다. 프랑스의 명품 브랜드는 자연스럽게 여기에 기원을 두고 있다.

현대 명품. 이 시대에 생겨난 많은 메종들이 그렇게 불리는 까닭은 무엇보다도 이 시기에 현대 도시인 파리가 탄생했기 때문이다.

삼촌인 나폴레옹이 칼로 세계 제패를 이룬 것과는 반대로 나폴레옹 3세는 무엇보다 평화를 원했다. "제국, 그것은 평화다!" 황제 직위에 오르기 직전 민중들 앞에서 연설한 이 말은 역사적으로도 유명하다. 사실 그 후 프랑스는 1870년 프랑스–프로이센전쟁 발발까지 약 20년에 이르는 평화시대를 구가했다.

나폴레옹 3세가 평화를 원했던 이유는 국내산업 육성 때문이었다. 삼촌의 군사입국에 대해 조카는 산업입국을 꾀했다. 나폴레옹 3세가 '산업왕' 이라 불리는 이유다. 평화를 원했던 나폴레옹 3세가 일으킨 사업 중 하나가 대대적인 파리 개조였다.

황제는 수완이 뛰어난 조르주 외젠 오스만(Georges-Eugène Haussmann)을 센 현 지사로 발탁해 13구(區)의 좁고 불결한 도시를 20구의 밝고 빛이 넘치는 도시로 바꾸었다. 오늘날 브랜드 거리로 알려져 있는 포부르 생토노레 거리가 개통된 것도 이때다. 파리의 메인 스트리트 대부분이 이 시대 파리 개조 운동에 기반을 두고 있다. 파리는 넓어졌고 또 다른 의미에서도 확대되었다. 철도의 개통이 바로 그것이다. 철도회사가 정비되어 철도 부설이 늘었다. 그중에서도 벨기에와 릴(Lille) 등 섬유업에서 제철 야금까지 공업이 성한 유럽 북부와 파리를 연결하는 북부 철도의 개통은 프랑스 자본주의 발전에 크게 이바지했다.

이와 함께 지중해를 향해 연장된 P.-L.-M(파리-리옹-지중해 철도)은 다른 방면으로 파리를 키웠다. 이 철도에 의해 남 프랑스 리비에라 해안이 파리지엔의 휴양지가 되었기 때문이다. 이러한 휴양문화도 트렁크 상인인 루이 비통에게 행운을 안겨주었다. 호화 열차에 실리는 것은 명품 트렁크인 루이비통이었기 때문이다(60쪽). 사실 기술혁신에도 열심히 노력을 경주한 루이 비통이 창립한 지 얼마 안 되어 역사에 남는 기술혁명이 일어났다. 철도 시대를 예감했던 루이 비통은 그때까지 빗물을 피하기 위해 둥근 형태의 디자인이었던 트렁크 뚜껑을 평평하게 만들었

LE CHIC

Nous sommes dans la pleine saison d'émigration estivale où le chic parisien rayonne à travers le monde illuminant de sa note moderne les classiques bords de mer, les montagnes poétiques et les champs idylliques.

Se déplacer n'est plus une distraction pour quelques-uns, mais un besoin pour tous, et voyager est devenu un art.

Aussi la fonction, créant l'organe, celui-ci représenté dans l'espèce par les malles, valises et accessoires de toute sorte s'est-il développé, perfectionné, comme tout le reste au point que dans les bagages emportés par une femme élégante, le contenant est vraiment digne du contenu.

Et c'est à la maison Vuitton qu'est due cette transformation qu'on peut sans exagération qualifier d'artistique.

Ah! elles sont loin les anciennes caisses noires à coin de fer verni du temps de Louis-Philippe, avec leurs casiers rudimentaires garnis de papier à fleurettes, leurs poignées de laiton et leurs serrures si simplistes qu'il fallait, — quelle horreur! — des cordes nouées en quatre!

Avec une ingéniosité s'inspirant à la fois de l'élégance et du confort, Vuitton a créé des malles qui sont des bijoux : malles pour robes, malles pour chapeaux, pour chaussures, malles de cabines, malle « Idéale » pour hommes, valise porte-habit, sacs et nécessaires de toilette tous de forme étudiée, dont les jolis cuirs fauves et les étincelantes garnitures de cuivre suffiraient à inciter aux voyages. Mais Vuitton a fait mieux encore, il a pensé au séjour et sa malle-bureau est conçue de façon si pratique qu'elle permet aux touristes d'avoir dans n'importe quel gîte l'impression du *home* intime.

C'est, en effet, à la fois une malle et un meuble.

Le haut forme secrétaire avec tiroirs pour papiers, tablettes pour écrire, buvard, encrier, etc., et le bas se divise en autres tiroirs admirablement aménagés pour les chemises, les chapeaux, chaussures, linge etc.

Dernier mot du « commode » tout ce qu'on trouve chez Vuitton possède en outre le cachet de chic suprême qui ne s'imite pas.

Et le chic des malles a une importance capitale : grâce à lui le voyageur est tout de suite mieux accueilli dans les hôtels, mieux écouté des employés de chemin de fer s'il a quelque réclamation à formuler; grâce à lui, il devient aussitôt « quelqu'un » aux yeux même de ceux dont il est méconnu.

A la gare de Trouville, plage à la mode par excellence, ce sont les malles Vuitton, facilement reconnaissables, qui dominent et c'est grâce à elles que les Parisiennes raffinées qui vont papoter le long de la rue de Paris, peuvent arborer les plus délicates toilettes sans qu'un faux pli en vienne détruire l'harmonie.

Il est féerique d'ailleurs l'aspect de cette rue de Paris en ce moment où la grande saison bat son plein.

Le Thé Topsy qui est l'endroit définitivement adopté par la mode y voit défiler tout le gotha du chic parisien et les femmes se regardent, s'examinent, se critiquent ou s'admirent, et les hommes flirtent, potinent, font des mots, lancent des définitions qui feront ensuite le tour du monde sans qu'on sache d'où elles sont parties.

Et si autour des tables quelques vagues allusions à des faits graves se glissent dans la conversation, les exquises petites poupées indifférentes laissent tomber de leurs lèvres carminées les plus déconcertantes répliques :

« Ah! le Maroc! c'est en bas, à gauche de la carte! Des femmes avec des sequins au cou et des haïchs sur la figure... drôle de pays!!

« Monsieur Fallières en Suède : l'accueil, les réceptions! — La Suède! Au fait pourquoi est-ce de Suède que viennent les gants à vingt boutons? Qu'est-ce que c'est exactement que la peau de Suède?

« L'entrevue de Revel!! A bord d'un bateau n'est-ce pas? Entre le Tzar et le Président? Adorable le mot du petit Tzarewitch refusant de reconnaître celui-ci parce qu'il n'était pas en uniforme! Est-ce qu'un chef d'Etat doit être en habit noir en plein jour comme un maître d'hôtel à un garden-party!

« Renard est innocent? qui ça Renard?

« La grève de Draveil? C'est loin d'ici?... Est-ce qu'on peut y aller en auto?? Pourquoi riez vous?...

Elles sont exquises ces exhibitions de beauté, et bien amusants les bouts de phrases échangés au Thé Topsy de Trouville!

FRELON.

Le Rendez-vous des Élégantes à Trouville :
Le Thé Topsy qui est, cette année, le centre à la mode de la rue de Paris.

La Malle-Bureau, de Vuitton (rue Scribe)
Qui donne à la plus banale chambre d'hôtel le confort intime du « home ».

La Malle Idéale, créé par Vuitton (rue Scribe)
Sans laquelle aucun élégant, aucune élégante ne voudrait quitter Paris.

자크 오펜바흐의 오페라에서 타이틀을 딴 풍속잡지 〈파리의 생활(La Vie parisienne)〉 1908년 8월 15일 호에 실린 루이비통 기사

‘세련된(chic)’ 여행은
루이비통으로 결정된다고 한다.
데스크 트렁크(왼쪽)와 신사용 명품 ‘이데알(Idéale)’
이 소개되었다. 중앙은 당시 유행했던
고급 리조트인 토르빌의 전경.

다. 이에 따라 트렁크를 몇 개라도 열차에 겹쳐 실을 수 있게 되었다. 휴양문화의 활성화와 트렁크의 발달은 궤를 같이했다.

거품 제국

루이비통의 목가구 상자가 번성한 것은 이러한 휴양문화의 발전은 물론 궁정의 연회 덕분이기도 했다.

튈르리 궁전에서 열린 수많은 연회는 '제국의 축제'라 불리며 역사적으로 유명하지만 미증유의 호화 연회였다. 가고시마 시게루(鹿島茂)의 《괴짜 황제 나폴레옹 3세(怪帝ナポレオンIII世)》는 당시 상황을 이렇게 설명하고 있다.

사실 나폴레옹 3세처럼 연회를 좋아한 원수는 없었다. 그는 온갖 이유를 들어 연회를 베풀었다. 국민투표로 황제의 자리에 오름과 동시에 삼촌의 뜻을 받들어 궁내부를 재건하고 대사, 의전, 시종관, 궁정사제, 주마두(主馬頭) 등 관리직과 축제의 절차와 의례를 정했는데, 이는 궁정 연회를 원활히 치르기 위해서였다.

상들리에의 불빛 아래 귀족들의 화려한 예복은 찬란하게 빛났고 귀부인들의 데코르테가 현란한 이 '축제 연회 시대' 의 백뮤직이라고도 할 수 있는 자크 오펜바흐의 오페라가 있었다. 가볍고 경쾌한 리듬과 프랑스식 캉캉으로 파리 사람들을 열광시킨 오펜바흐는 오늘날에도 거품 시대의 들뜬 기분을 잘 전달해 주고 있다.

그러나 이 들뜬 기분에는 정치적 의도가 있었다. 산업왕인 나폴레옹 3세는 귀족들에게 축제의 참가를 의무화해 사치품 산업 육성에 힘을 기울였다. 앞에서 인용한 대사, 의전, 시종관, 궁정 사제, 주마두 등의 관직은 아름다운 의복 착용이 필수였다. 복식 산업은 수요에 따라 활발해졌고 백화점의 개점과 더불어 대중 소비가 비약적으로 확대되었다. 부인복보다 규격화가 쉬운 신사복 산업이 일어나기 시작했다.

이러한 기성복 산업의 융성은 브랜드의 '모조품' 문제를 불러일으키고 브랜드의 조건을 떠들게 만들었지만, 그 내용은 다음 장에서 다루기로 하고 귀족재인 루이비통의 행방을 좀 더 따라가보자.

명품은 국가정책

신사복과는 반대로 부인복의 경우 주문생산된 드레스가 유행했다. 그리고 이 유행이 '주문 상표', 즉 오트쿠튀르의 탄생으로 연결된다. 여기서 주의할 점은, 동시대에 신사복은 기성복 산업을 육성시켰고 부인복의 경우 오트쿠튀르의 탄생을 부추겼다는 사실이다.

다시 말해, 근대 명품 브랜드는 '여성의 영역'에서 태어났다.

여기서도 시대의 움직임을 주도한 것은 궁정이었다. 축제의 참가가 어째서 나폴레옹 3세의 '국가정책'이 되었는지 필리프 페로(Philippe Perrot)가 쓴 《부르주아 사회와 패션(Les dessus et les dessous de la bourgeoisie)》은 다음과 같이 상세히 설명하고 있다.

나폴레옹 3세가 튈르리와 생클루, 콩피에뉴의 궁전 등에서 호화로운 무도회와 리셉션을 부활시킨 결과, 의상에서 초라한 색상들은 퇴조했고 화려한 색상들이 지배하기 시작했다. (……) 가령, 이름 높은 초대 손님들 부대가 콩피에뉴로 이동하는 행렬 속에서조차 우아함이 경쟁을 했고 그 덕분에 권위 있는 모델이 태어났다.

궁정에 모이는 귀부인들의 '아름다움 경쟁'은 쿠튀리에 (couturier)들의 활성화를 가져왔다. 그중에서도 외제니 황후는 의상에 특히 관심이 많았다. 황후는 궁정에 모이는 어떤 부인보다도 최고의 우아한 모델이 되어야 했다. 외제니는 당시 독창적인 디자인으로 명성이 자자했던 워스를 궁정으로 초빙해 루이비통과 똑같이 왕실 상인으로 지명했다.

워스도 또한 황실의 권위와 신용을 빌려 파리 제일의 쿠튀리에라는 지위를 굳혀 나갔다. 1858년 찰스 프레더릭 워스는 라페 거리에 파리 최초의 오트쿠튀르 점포를 열었다. 루이비통 창업은 그 후 4년 뒤의 일이다.

왕실 상인 워스가 유행시킨 크리놀린 스타일은 볼륨이 풍부하고 무엇보다 품격이 있었다. 화가 프란츠 자베르 빈터할터가 그린 〈외제니 황후와 시녀들〉은 워스의 디자인인 데코르테로 몸을 감싼 미녀들의 아름다움을 묘사하고 있다. 크리놀린으로 스커트가 크게 부푼 드레스는 수납이 어려워 커다란 목가구 상자가 필요했다.

미모의 황후인 외제니는 패션 리더였다. 그것도 단순히 멋뿐만이 아니라 황후라는 지위와 어울렸다. 외제니는 사치산업을 육성하려는 나폴레옹 3세의 뜻을 받들어 정치적 임무로서 사치스러운 생활에 빠졌기 때문이다.

《부르주아 사회와 패션》은 황후의 정치적 임무에 대해 다음과 같이 말하고 있다.

외제니 황후는 크림전쟁(1854~56)의 여파로 인한 1857년의 불황으로 정체되었던 섬유산업을 자극하고 스스로 '정치적 치장'이라 부른 중후한 리옹산(産) 면을 이용한 의상으로 성공을 확대해 나갔다.

'제국의 축제'는 마치 일국의 경제와 관련된 규모가 되었다. 《지옥의 오르페우스(Orphée aux Enfers)》도 그 모습을 생생하게 전해 주고 있다.

나폴레옹 3세는 2,500만 프랑의 황실 비용을 들여 환희와 영광을 언제나 불러일으킬 수 있었다. 사치는 사람들에게 돈을 뿌렸고 나폴레옹 3세는 입버릇처럼 떠들며 이 허례허식의 근거에 불을 댕겼다. 그리고 외제니 황후도 나폴레옹 3세가 권력을 유지하기 위해 동원한 호화로움을 기꺼이 즐겼다. 그녀는 젊었다. 그리고 그녀를 둘러싸고 있는 부인들보다 아름다웠다. 또한 홀에서 샹들리에가 빛나고 튈르리 궁이 화려한 무도회로 번잡할 때 동화 속 의상을 입은 그녀는 가장 밝은 샹들리에 조명을 무색케 하는 빛을 발산했다.

황후 폐하의 의상 상자

이러한 거품 축제는 산업계에 돈을 뿌렸다.

외제니 황후가 몸에 장식한 호화로운 드레스와 보석들은 오늘날 파리 브랜드로 이름 높은 제품들이 대부분이다. 무엇보다 오트쿠튀르 드레스를 뽑지 않을 수 없다. 워스에서 푸아레(Poiret), 그리고 샤넬로 오트쿠튀르는 프랑스의 국가산업으로 번창해 갔다. 게다가 드레스를 장식하는 장신구 또한 왕실 상인 카르티에가 맡았다. 또한 치장에 빠질 수 없는 향수 역시 왕실 상인인 겔랑이 맡았다. 이렇게 명품 브랜드는 제2제정에서 귀족재로 탄생했다. 외제니 황후는 현대로 말하면 카리스마 모델 노릇을 수행한 것이다.

그 멋진 황후가 얼마나 많은 옷을 만들게 하고 그 드레스들을 수납하기 위해 어느 정도 목가구 상자를 만들게 했는지 알기 위해 다시 루이비통 이야기로 돌아가보자. 왕실 상인에게는 황후 폐하의 의상 상자뿐 아니라 다른 귀족 부인들에게서도 주문이 쇄도했다.

조금 길어지는데 《부르주아 사회와 패션》은 당시의 엄청난 번영을 다음과 같이 기술하고 있다.

역시 콩피에뉴에서의 이야기가 되겠지만 사치는 절대적으로 요구되었다. 초대되는 사람들은 황제와 황후가 같은 옷을 세 번 이상 입은 것을 보고 싶어하지 않았기 때문에 대부분 의상이 가득 찬 상자를 갖고 오지 않으면 안 되었다. 메테르니히 공작 부인은 콩피에뉴에서의 소동을 이렇게 말한다.

부인들이 도착하고 나서 20분 정도가 지나면 짐을 실은 마차들이 뒤를 이었다. 이는 터무니없는 일이었고 일찍이 아무도 보지 못한 광경이었다. 파리 거리 전체가 이사를 하는 듯한 느낌이었다! 운반되어 내려지는 상자의 수는 상상을 초월했다. 우리가 언뜻 세어보아도 900개 가까이 내려진 날도 있었다. 그것도 각각의 여성이, 이브닝드레스를 재단사가 만든 것을 발송할 때처럼, 하나씩 하얀 상자에 넣었기 때문이다. 파리의 숙련된 이삿짐업자들이 직접 수납한 의상들은 새것처럼 목적지로 운반되었다. 나 역시 영광스럽게도 18개의 상자를 혼자 사용했다. 하지만 나보다 멋진 여성들은 24개까지 사용하는 것을 보았다.

이야기는 계속 이어지는데 여기에 등장하는 '파리의 숙련된 이삿짐업자'의 이름은 말하고 있지 않지만 루이비통과 그의 스승인 마레샬 등을 가리키고 있다고 짐작할 수 있다. 황후 폐하의 정치적 사치가 명품 브랜드를 육성하고 그 탄생을 촉진시켰다. 이 시대의 사치는 성스러운 것과는 동떨어진 일종의 정치적 의무가 되어 세상에 퍼져나갔다.

메달은 만국박람회에서

제2제정은 '사치의 민주화' 시대였다. 복식산업이 육성되었고 '봉마르셰(Bon Marché)'를 비롯해 현존하는 백화점이 연이어 탄생한다. 사치의 근대화가 막을 올렸다고 할 수 있다.

백화점에 관해서는 나중에 설명하겠지만, 여기서 브랜드 조건에 직접 관계된 커다란 이벤트에 대해 살펴볼 필요가 있다. 그것은 바로 만국박람회다.

다시 한 번 비통 관련 자료로 돌아가 회사 역사 《추억의 트렁크를 열고》를 펼쳐보자.

'에펠탑과 박람회'라는 제목이 붙은 제3부에는 1889년 만국박람회에서 루이비통의 트렁크 '워드로브(wardrobe)'가 대상을 탄 사실을 자랑스럽게 기록하고 있다.

1889년 파리박람회는 에펠탑 만국박람회로 알려져 있는데 (69쪽), 루이비통이 전시한 견고하면서도 가벼운 트렁크는 그때

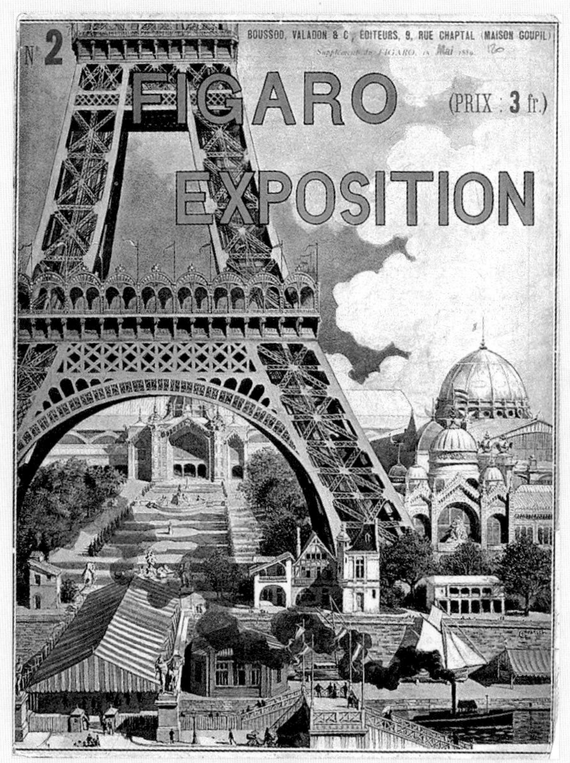

〈피가로〉지의 1889년 파리 만국박람회 특집호

1889년 파리박람회는 에펠탑 만국박람회로
알려져 있는데, 당시 출품된 루이비통의
견고하면서도 가벼운 트렁크는 그때까지의
트렁크 개념을 완전히 바꾸어놓았다.

까지의 트렁크 개념을 완전히 바꾸어놓았다.

만국박람회에서 대상을 차지했다는 사실은 그 상품이 국제 경쟁력을 갖추었다는 증거가 된다. 즉, 프랑스에서 명품 브랜드의 조건은 두 가지가 있다. 하나는 왕실 상인의 메종이 되는 것. 그리고 또 하나는 만국박람회에서 대상을 받는 일. 이 둘은 제품의 고품질과 세계적 권위를 나타냈고, 곧 '세계의 일류 제품' 이라는 증표였다.

게다가 지금 언급한 브랜드 조건 두 가지는 모두 나폴레옹 3세의 사치품 산업 육성 정책으로 인해 탄생했다. '제국의 축제' 도 그렇지만 파리 만국박람회야말로 산업왕 나폴레옹 3세가 정치적 생명을 걸고 착수한 국가적 이벤트였다. 황제가 전력을 기울인 것은 파리 개조를 완수하고 만국박람회를 성공시켜 '꽃의 도시' 파리를 세계에 자랑함과 동시에 각 기업에 만국박람회 출전을 재촉해 국내산업의 국제 경쟁력을 꾀하는 일이었다. 만국박람회란 상품의 국제대회였다(71쪽).

의외로 잘 알려져 있지 않지만, 대회에서 심사를 하고 금·은·동의 메달을 수여하는 아이디어는 올림픽이 처음이 아니라 나폴레옹 3세의 제안에 의한 것이다. 나중에 올림픽이 만국박람회 메달 수여 방식을 답습해 식전화한 것이다.

1900년 파리 만국박람회의 고블랭 직물(Gobelin) 짜기 실제 모습

1889년 파리 만국박람회의 향수점 코너

왕실 상인의 메종이 되는 것과
만국박람회에서 대상을 받는 일.
이 둘은 제품의 고품질과
세계적 권위를 나타냈고,
'세계의 일류 제품'이라는 증표가 되었다.

브랜드의 왕도

나폴레옹 3세의 계획은 정확했다. 만국박람회를 계기로 많은 프랑스 브랜드가 탄생했기 때문이다. 루이비통만큼의 대중성은 없지만, 예를 들어 1867년 만국박람회에서 은그릇 크리스토플(Christofle)과 크리스털 제품 바카라(Baccarat)가 대상을 수상하며 세계적 브랜드로 명성을 날리기 시작했다. 또한 보석 장식의 부슈롱(Boucheron)도 그 박람회에서 대상을 받았다. 이때 에르메스가 출품한 안장은 은상을 받는 데 그쳤다. 에르메스가 대상을 받은 것은 다음 대회인 1878년 만국박람회에서다.

만국박람회 대상은 왕실 상인과 어깨를 나란히 하는 명품 브랜드의 조건이 되었다. 향수의 겔랑, 오트쿠튀르의 워스, 보석 장식의 카르티에 그리고 루이비통과 에르메스 등 우리에게 친숙한 브랜드 대부분이 이 '브랜드 조건' 두 가지를 향해 전진했고 성공을 이루어나갔다.

세기가 바뀌고 샤넬이 등장하면서 이 '왕도'를 뒤집기까지 두 가지 증표는 명품 브랜드의 왕도가 되었다.

이렇게 브랜드는 프랑스의 육성정책을 기초로 태어났지만 국가적 측면에서도 자국의 브랜드 아우라를 적절히 이용했다고 할 수 있다.

프랑스는 만국박람회 때마다 자국 프랑스의 위신을 세계에 과시했다. 루이비통에서 에르메스까지 각각의 브랜드가 만국박람회에서 수상한 대상은 자랑할 만한 '전설' 의 일부가 되었고, 프랑스는 국가를 배경으로 그 전설을 퍼뜨리는 데 전력을 기울였다고 볼 수 있다. 나폴레옹 3세는 상징재의 힘을 효과적으로 이용할 줄 알았다. 나폴레옹 3세만큼 '이름의 아우라' 에 민감했던 국가원수는 없었기 때문이다. 나폴레옹 3세가 황제에까지 오를 수 있었던 것은 전적으로 삼촌인 나폴레옹 1세의 후광 덕분이라 해도 과언은 아니다.

지금도 나폴레옹은 프랑스인들에게 초인이고 비교할 수 없는 신의 총아다. 그 나폴레옹의 조카가 삼촌의 명성을 빌리는 것은 당연한 이치다. 말하자면, 나폴레옹 3세 또한 그 '기원' 을 가계의 신화에 이용했던 것이다.

이렇게 태어난 황제의 위신을 빌려 이번에는 사치품 산업에 종사하는 상인들이 각각의 전설을 만들어 나간다. 제2제정은 이런 의미로 여러 측면에서 '기원의 아우라' 가 성행했던 시대일지 모른다.

오트쿠튀르의 탄생

나폴레옹 3세가 그랬던 것처럼, 전설이란 반드시 어떤 사람에 대한 전설이다. 즉, 어떤 형태의 고유 이름에 대한 전설이다. 브랜드의 힘이란 결국 그 이름의 아우라에 의지하는 것임에 틀림없다.

우리는 앞에서 루이비통을 통해 이 문제를 살펴보았는데, 여기서 다시 한 번 정리해 보기로 한다. 제2제정 시대부터 이름의 힘이 미묘하게 '바람'을 일으키기 시작했기 때문이다.

이것은 오트쿠튀르의 시조인 워스에서 시작된다. 워스야말로 현대 브랜드 콘셉트를 선구적으로 실현한 쿠튀리에다. 루이비통을 비롯한 명품 브랜드는 워스에서 시작되는 브랜드 콘셉트를 이었다고 할 수 있다.

순서대로 기술해 보자.

1858년 최고의 지역인 라페에 메종을 연 찰스 프레더릭 워스는 당시까지 쿠튀리에들이 하지 않았던 새로운 방법을 들고 나왔다.

우선 첫째로 현대의 유행산업이 일상적으로 행하고 있는 모델산업이다. 다시 말해서, 한 사람의 고객에 맞추어 제품을 만드는 것이 아니라 먼저 모델이 되는 형태를 몇 개 디자인해 놓고 손님은 그중에서 마음에 드는 제품을 고르는 생산방식이다. 이 방법에 의해 '디자인'이라는 작업이 고객의 취향에서 독립해 쿠튀리에들의 자유에 맡겨지게 되었다.

둘째는 훨씬 급진적인 방법이다. 노자와 케이코(能澤慧子)의 《20세기 모드(二十世紀―ド)》는 그것을 다음과 같이 기술하고 있다.

워스는 의상 제조 비용에 덧붙여 디자인이라는 값어치, 즉 무형의 가치를 팔기 시작한 최초의 쿠튀리에다. 그의 가게 제품은 굉장히 비쌌다. 가장 간결한 활동복 드레스도 1,500프랑 아래로는 없었다.

당시 1,500프랑은 현재 일본 엔으로 환산하면 대략 150만 엔 정도가 된다. 가장 싼 활동복 드레스가 이 정도 가격이니 이브닝 드레스의 경우는 더더욱 가격이 높았다.

워스는 이 고가 정책을 통해 디자인을 고가 상품으로 바꾸고 나아가 디자이너의 명성을 당당히 상징자본으로 변화시켰다.

로고가 탄생하다

워스는 또한 오트쿠튀르의 상징재에 극히 알기 쉬운 형태를 부여했다. 즉, 그는 '그리프(griffe)'를 발명했다.

'그리프'는 프랑스어로 브랜드의 마크다. 요약하면, 로고 마크가 된다. 루이비통이라면 루이비통, 샤넬이라면 샤넬 각각의 메종 상표가 그리프다. 무엇보다 워스의 공적은 이 그리프를 창조한 일이다. 이것에 의해 메종의 이름을 한눈에 알 수 있는 상품이 되었다.

중요한 것은 이를 계기로 고객과 브랜드 관계가 미묘하게 역전되었다는 사실이다. 앞서 루이비통에 관해서 본 문제를 여기서도 다시 한 번 확인해 보자.

1) 워스는 워스이기 때문에 가치가 있다.
2) 워스는 왕실 상인이기 때문에 가치가 있다.

앞에서 말했듯이, 워스도 외제니를 단골 고객으로 둔 황실 상인 쿠튀리에였다. 하지만 그는 황실의 아우라를 배경으로 1)의 장사 수법을 이용했다. 그리고 그 방법은 반쯤 성공을 거두었다. 반쯤이라는 뜻은 워스의 시대에 1)과 2)를 완전히 뛰어넘기에는 아직 여건이 마련되지 않았기 때문이다. 그렇더라도 길은 이미 열렸다. 19세기부터 20세기를 향하는 시대의 흐름과 함께 황실의 아우라는 점차 사라져가고 오히려 메종의 이름이 명성을 얻기 시작했기 때문이다.

리포베츠키는 이 전환을 다음과 같이 말하고 있다.

일찍이 고객이 주인이었고 장인은 그 그늘에서 일했다. (……) 근대에 와서 이 모든 것이 역전되었다. 이렇게 정립된 새로운 논리를 오트쿠튀르의 융성만큼 단적으로 보여주는 것은 없다.

오트쿠튀르의 출현은 귀족재의 종식을 앞당겼다. 계속 인용해 보기로 하겠다.

근대는 쿠튀리에가 고객에 종속되었던 과거의 지위에서 벗어나 유행을 주도하는 힘을 갖게 되었다. 데미우르고스(demiourgos: 그리스어로 '장인'이라는 뜻)인 쿠튀리에의 황금시대가 도래했다. 앞으로 이러한 현상은 100년을 이어갈 것이다. (……) 명품을 구성하는 것은 품질뿐 아니라 이름의 아우라와 대브랜드의 명성, 그리프의 위신, 로고의 마술이다.

여기서 지적된 위신은 귀족시대의 추락과 깊은 관계가 있으며 민주주의 태동과 궤를 같이한다. 브랜드가 고객으로부터 독립했다는 것은 귀족 명가의 가치가 사라지고 상인의 메종으로 가치가 옮겨간 것에 지나지 않기 때문이다.

바꾸어 말하면, 민주주의 시대와 더불어 명품은 귀족재라는 사실을 버리고 상품화되어 돈으로 살 수 있는 것이 되었다. 일찍이 명품은 '오리지널'과 연결된다. 그 귀족재가 돈으로 살 수 있는 것이 된다. 여기부터 현대적인 명품 브랜드까지는 일직선으로 이어진다.

사실 역사를 거슬러 올라가 보면, 돈으로 살 수 없던 '오리지널'도 돈으로 매매되었다. 재력이 있는 부르주아는 작위는 물론 족보를 사서 진짜 귀족이 되고 싶어했기 때문이다. 《사랑과 사치와 자본주의》는 18세기 영국에서 일어났던 사태를 이렇게 설명하고 있다.

오늘날 눈에 띄는 것은 부유해진 영국 상인들이 자신들의 선조 문장을 찾을 만한 문장원(紋章院)에 드나드는 모습이다. 그들은 문장을 찾아내면 그것을 마차나 그릇에 새기고 가구에 조각해 넣기도 하며 자신들의 집 지붕에 널을 만들어 장식하려고도 한다.

좀바르트가 말하고 있는 신흥 부호들의 모습은 오늘날 자랑스럽게 로고를 과시하는 우리들 모습과 일맥상통하고 있다. 우리는 귀족의 태생적 힘을 장례 치른 민주주의자들의 후예다.

이러한 우리들에게 '루이비통은 루이비통이기 때문에 가치가 있다'는 것은 자명한 사실이다. 명품은 이미 대중의 소유가 되었다.

그러나 결론이 조금 이른 듯하다. 현대 명품의 전면적 보급에는 20세기를 기다려야만 했다. 워스가 이룩한 가치 전환은 또 하나의 쿠튀리에에 의해 훨씬 급진적인 성과를 이룩한다. 그 사람이 바로 샤넬인데 그 이전에 좀 더 살펴볼 브랜드가 있다. 에르메스다. 에르메스가 취한 전략은 '19세기 브랜드의 왕도'를 밟음과 동시에 20세기에 다리를 놓는 것이었다.

II

희소성의 신화

: 에르메스의 전략

1 마차와 자동차: 에르메스가 포드를 이기다

핸드크래프트라는 명품

'루이비통은 유행 브랜드가 될 수 없다' 는 소우 전 사장의 말대로, 전통을 중시하는 루이비통은 숙련된 장인의 핸드크래프트(수제품)를 소중하게 계승하고 있다.

그러나 수제품 분야에서 루이비통보다 진가를 발휘하는 쪽은 에르메스다. 에르메스 가방은 모두 장인들의 수제품이다. 하나하나가 어떤 장인이 만들었는지 알 수 있게 되어 있고, 리페어(수선) 서비스를 요청하면 담당한 장인이 직접 제품을 고쳐주는 시스템으로 운영된다.

철저한 장인 생산이야말로 에르메스의 최대 매력이라 할 수 있겠다. 핸드크래프트는 그 자체가 명품이기 때문이다. 대량 생산이 어렵기 때문이기도 하지만, 그 이전에 수제는 원래 귀족재의 속성이다. 즉, 오트쿠튀르다.

외제니 황후를 비롯해, 옷이 스치는 소리마저 아름다웠던 귀부인들이 몸에 걸친 드레스는 전부 손으로 만든 것이다. 이 의상들에는 지금도 문화재로 보호되는 고가의 자수 기술과 손으로 짠 레이스 등 뛰어난 솜씨가 발휘되어 있다. 그래서 가격은 한 벌에 수백만 엔에 이른다. 수제는 귀족적 명품의 증거라고 말할 수 있다.

그리고 수제가 귀족재인 것을 보여주는 또 한 가지 중요한 포인트는 아무리 뛰어난 장인이 만들었다 해도 그 장인의 이름이 겉으로는 드러나지 않는 점이다. '고객이 주인이고 장인은 그 그림자다' 라는 리포베츠키의 말은 귀족재의 형태를 단적으로 시사하고 있다.

향수의 경우 이해가 쉬울지 모르겠다.

현대야말로 샤넬에서 이브생로랑까지 디자이너의 이름을 붙인 향수가 퍼져 있어 향수와 브랜드가 떼려야 뗄 수 없는 관계로 연결되어 있지만, 귀족시대에는 각각의 귀족이 집에 조향사(調香士)를 초빙해 향수를 만들게 했다. 일문 일가에 한 사람의 조향사 또는 한 명의 귀부인에 한 사람의 조향사가 있었다. 당당한 주문 생산 제품이지만 조향사의 이름은 흔적도 없이 사라지고 남아 있지 않다. 원래 귀족재란 그러한 것이다.

《유한계급론(The Theory of the Leisure Class)》의 저자 소스타인 베블런(Thorstein Veblen)은 '낭비적' 이라는 형용사가 딱 어울릴 만한 이 수제의 탁월성을 꿰뚫어 보고 타인과 차별성을 과시하는 효과를 지적했다.

손으로 직접 만드는 방법이 보다 낭비적인 생산방식이다. 이유는 두 가지다. 이 방법으로 만드는 제품은 금전적 명성을 얻는 목적에 도움이 되고 또한 마크가 명예에 값어치를 부여해서 똑같은 기계제품보다 품질 면에서 높게 평가받기 때문이다.

대량 생산되어 많은 사람들의 손에 들어가는 기계 생산물과는 달리 수제품을 소유하는 것은 다른 사람에 비해 탁월성을 드러내준다. 미국의 자본계급을 신랄한 눈으로 비판한 베블런의 지적이 마치 현대 에르메스의 인기 비밀을 설명하기 위한 것이라고 한다면 지나친 말이 될까!

그러나 에르메스라는 메종은 마치 그 차별화를 노리고 전략적으로 '장인 생산' 방식을 선택한 브랜드다.

에르메스는 1837년에 창립되었다. 루이비통보다 훨씬 전통이 깊은 이 메종이 원래 마구(馬具) 상인이었다는 사실은 잘 알려져 있다. 현재 주력 상품의 하나인 스카프에 말과 마구에 연관된 것들이 사용되는 것도 이 사실에 기인한다 하겠다.

스카프의 모티프를 보아도 에르메스가 얼마나 말과 마구를 소중히 하고 '기원의 신화'를 지키려고 하는지 알 수 있는데, 그 이상의 심벌은 에르메스의 상표가 된 마차다(87쪽).

비통을 이야기할 때 목가구 상자를 빼놓고 말할 수 없듯이, 에르메스를 이해하기 위해서는 마차시대로 시간 여행을 떠나지 않으면 안 된다. 마차야말로 귀족적 사치의 전형이기 때문이다. 전통 메종인 에르메스는 안장을 주력 상품으로 하는 고급 마구상이었다. 하지만 세기가 바뀔 무렵 새로운 시대를 예측한 에르메스는 상품 전환을 꾀했다.

에르메스는 왜, 어떻게 그 '기원'을 바꾸었을까?

마차는 곧 신분

에르메스에 사용되는 마차 이름을 '듀크'라고 한다. 공작이라는 의미인데 오늘날 자동차에 리무진이나 세단이라고 이름 붙이는 것처럼 당시 마차도 형태에 따라 이름이 있었다. 듀크가 에르메스의 공식 상표가 되어 등록된 것은 전후(戰後)지만, 이 마차가 유행했던 시기는 제2제정 때다. 자동차에 유행이 있듯이 마차에도 유행이 있었다. 듀크가 유행이 된 원인은 당시의 패션 리더인 외제니 황후 때문이다.

에르메스 상표의 기본이 된 마차 '듀크'
다케미야 게이코(竹宮惠子)의 《에르메스의 길(エルメスの道)》에서

에르메스가 원래 마구 상인이었다는
사실은 오늘날 잘 알려져 있다.
현재 주력 상품의 하나인 스카프에
말과 마구에 연관된 것들이 사용되는 것도
이 사실에 기인한다.

크리놀린으로 부풀어 오른 드레스를 한번 떠올려 보라. 그 드레스를 입고 마차에 오르려면 마차 받침대가 높으면 곤란하다. 듀크는 드레스 차림의 귀부인이 타기 쉽도록 차체가 낮게 고안되어 있다(89쪽).

아름다운 드레스를 입은 파리의 미녀들은 이 멋진 마차에 올라 그 시절 트렌드 장소가 되기 시작한 불로뉴 숲으로 마차를 몰아갔다. 에르메스 점포는 포부르 생토노레 24번지, 즉 숲으로 가는 길목에 안성맞춤으로 자리하고 있다. 물론 듀크는 지붕이 없는 마차다. 당시의 마차는 사람을 실어 나르는 운반수단인 동시에 타고 있는 사람들이 서로 인사를 나누며 치장을 경쟁하는 사교수단이기도 했다.

따라서 마차는 기능적이면서 멋을 부릴 수 있는 우아함이 필요했다. 마차야말로 최고의 귀족적 사치품이자 지위를 나타내는 상징이었다. 귀족이 소유하는 마차에는 대개 브랜드 로고와 귀족의 가문 문장이 문에 달려 있었다.

그리고 이 마차들은 수제품들이었다. 유럽의 귀족적 핸드크래프트는 마차에서 꽃을 피웠다.

그래서 에르메스의 가방을 이야기하려면 그 이전에 마차를 알아야 한다. 에르메스 가방은 마차 만드는 기술을 이어받은 것이기 때문이다.

'듀크'와 닮은 '프티 듀크'

귀부인들이 크리놀린 스타일의 옷을
입고 탈 수 있도록 차체를 낮게 고안한 마차는
제2제정기 새로운 유행이었다.
당시의 마차는 사람을 실어 나르는 운반수단인 동시에
사교수단이기도 했다.

나는 《브랜드의 세기(ブランドの世紀)》에서 에르메스에 대해 다음과 같이 말한 적이 있다.

우리가 알고 있는 에르메스는 무엇보다 수제 스카프다. 도대체 고급 마구상이 어떻게 마차에서 패션 제품으로 주력 상품을 바꾸었을까? 그 전환점에 19세기와 20세기 그리고 프랑스와 미국이 관여하고 있다는 점이 흥미롭다. 크게 보면 에르메스를 통해 세계 자본주의의 변화를 볼 수 있기 때문이다.

여기서 20세기라고 하는 것은 미국과 그 ‘자동차 문화’를 가리키고 반면 19세기는 유럽과 ‘마차 문화’를 말하는데, 이는 에르메스라는 메종의 변화를 통해 마차 문화와 자동차 문화의 대결, 다시 말해서 수제와 기계생산의 대결을 보여준다.

자동차 선진국 유럽

제2제정기에 비약적 발전을 보인 철도는 대량 운송을 위한 교통수단이었지만 개인적 교통수단은 20세기 초까지도 여전히 마차가 주를 이루었다. 그러한 가운데에도 세기 말에는 자동차 제조가 시작되고 있었다. 제조는 핸드크래프트였으나 자동차 생산의 개척자는 미국이 아니라 유럽이었다. 오랫동안 마차 문화의 전통이 살아 있는 유럽은 그 간접시설인 포장도로가 정비되어 있었기 때문이다. 시모카와 고이치(下川浩一)는 《세계 자동차 산업의 흥망(世界自動車産業の興亡)》에서 그 과정을 다음과 같이 기술하고 있다.

유럽의 사회적 풍토 중 커다란 특징 하나는 일찍이 포장된 도로문화가 발달되었다는 점이다. 그리고 귀족과 상인들이 보도블록이 깔린 거리를 마차를 타고 달리는 풍경은 유럽 도시 어디에서나 볼 수 있었다.

포장된 도로를 달리는 마차는 장인 생산의 산물이고 당연히 주문생산이었다. 마차 만들기는 이러한 유럽의 도시 문화 전통속에서 발달했고 근대적 대량 기계 생산이 산업혁명으로 발달하기 이전부터 길드 장인과 매뉴팩처 분업의 형태로 만들어졌다. 차바퀴, 차축, 차체, 문, 좌석 등 주요 구성 부문마다 각각의 전문 장인이 있어서 각각의 분업 작업을 거쳐 조립되어 마차가 만들어졌다. 그러나 각 마차는 한 대 한 대 주인의 기호에 맞추어만들어지는 주문생산이 기본이었다.

모든 주문 제품들이 그러하듯이, 주문생산은 제조비용이 높다. 당연히 개인적 교통수단인 마차를 주문하는 사람은 부유한 일부 특권계급 즉, 귀족이나 부르주아에 한정되었다.

마차는 결국 귀족재였다. 나중에 이러한 유럽적인 수제 전통은 오늘날에도 이어져 영국의 롤스로이스와 독일의 벤츠 같은 한정 생산되는 고급차로 그 명맥을 유지하고 있다. 그 외에 핸드크래프트 한정 생산 전통을 이어오고 있는 것이 포르셰와 페라리 같은 고급 스포츠카다. 일본에서도 인기가 높은 페라리는 주문하고 3년 정도 기다리는 것이 보통이다. 주문생산의 전통이 확고하게 이어지고 있는 예다.

자동차 마니아 괴도 뤼팽

고급 스포츠카 하면 '괴도 뤼팽'이 연상된다. 뤼팽은 희대의 스피드광이다. 훔친 뒤에는 빠른 시간에 모습을 감추어야 하는 도둑인 그는 고급 자동차 핸들을 붙들고 광적인 스피드를 낸다. 시대 배경은 20세기 초엽 벨에포크(belle époque).

유럽풍의 '고급 자동차 벨에포크'다. 괴도 뤼팽이 고급 자동차를 타고 날듯이 도망치는 장면과 그가 탄 자동차가 열차와 스피드 경쟁을 하는 모습은 대표작인 《기암성(奇岩城)》 등에 수도 없이 나온다. 훔친 명화에서 바꿔 타는 자동차까지, 괴도 뤼팽의 생활은 사치의 극치고 그중에서도 고급 자동차는 그 절정이라 하겠다. 괴도 뤼팽에도 잘 나와 있듯이, 당시의 자동차는 귀족 도련님들의 놀이기구 중 하나였다. 오늘날에도 자동차경주 분야가 미국이 아니라 유럽이 본고장인 이유는 이 전통에서 유래한 것이다.

그렇지만 이 고급차의 전통은 유럽을 자동차 후진국으로 만들었다. 다시 《세계 자동차 산업의 흥망》을 인용해 보자.

유럽에서 이처럼 자동차 사용자가 자동차 가격에 구애 받지 않는 상류계급에 한정된 사실과 크래프트맨십의 전통적 숙련에 의한 자동차 제조는 결과적으로 자동차의 대중시장과 그에 따른 대중차의 출현을 방해했고, 대중차를 대량으로 싸게 만들 수 있는 대량 생산 방식의 발전을 저해했다.

수제로 만드는 귀족재의 왕국인 유럽 앞에 20세기 패권국인 미국이 모습을 드러냈다. 에르메스에게 변신을 강요한 미국이 있었다.

미국이 자동차 입국으로 당당히 자리 매김을 시작했다.

대중차의 패권

헨리 포드가 오랜 시행 착오 끝에 T형 모델을 내놓은 것이 1908년의 일이다(95쪽).

유럽에서 건너온 고급 자동차를 비용을 낮추어 대중차로 만드는 일이 디트로이트 출신의 자동차 왕인 헨리 포드의 꿈이었다. 포드의 꿈은 민주주의 국가인 미국의 꿈이기도 했다. 비용이 저렴하면서 성능이 뛰어난 T형 포드는 '포드가 일찍이 일생을 건 꿈인 농민과 대중을 위한 실용적 차이며 미국뿐 아니라 세계 모터리제이션(자동차화)을 리드하는 역사적이며 기념비적인 자동차다.'

이후 포드는 10여 년에 걸쳐 이 T형 포드를 판매했다. 그동안의 생산 대수는 15만 대 이상이다. 미국 국민들은 포드로 인해 '자동차가 있는 생활'을 즐길 수 있게 되었다.

대중차는 귀족이 없는 나라인 미국에서 나올 수밖에 없는 운명이었다고 할 수 있겠다.

F. L. 앨런(Frederic Lewis Allen)의 명저 《원더풀 아메리카(Only Yesterday)》는 '스미스 씨'를 통해 이렇게 시작된 미국식 라이프스타일의 전형을 그리고 있다.

완성 당시의 T형 포드

수제로 만드는 귀족재의 왕국인
유럽 앞에 20세기 패권국인
미국이 모습을 드러냈다.
에르메스에게 변신을 강요한
미국이 나타났던 것이다.

아침 식사 후 스미스 씨는 출근하기 위해 자동차로 오른다.
(……)
스미스 씨의 차를, 차체가 높아 멋은 좀 없지만 효율적인 그 시절의 T형 포드라고 가정하고 그의 생활을 지켜보자.
스미스 씨는 오른편 문으로 자동차에 오른다. (……)
드디어 엔진이 가동하기 시작하면 스미스 씨는 핸들을 붙잡는다. 비상 핸드브레이크를 풀고 왼발을 저속 페달에 올려 놓고 밟는다. 자동차가 굉음을 내며 움직이기 시작하면 왼발을 들면서 고속 기어를 넣고 왼발을 뗀다. 이제 그의 유일한 걱정거리는 중심가로 나가는 데 있는 긴 언덕일 뿐. (……)
스미스 씨는 10년 후와 비교하면 훨씬 한적한 거리를 달리고 있다. 출근시간 길에 다니는 차는 1929년의 1/3에 지나지 않는다. 1919년 700만 대이던 자동차 등록대수는 10년 후에는 2,300만 대를 넘어선다. 포장도로가 거의 없기 때문에 스피드도 자연스럽게 떨어진다.

'멋은 좀 없지만 효율적인 당시의 T형 포드'가 서민의 통근 길 발이 되었던 1910년대의 미국 생활 모습이 떠오르는 듯하다. 포드사가 컨베이어벨트 방식을 본격적으로 개시한 것은 1913년이다. 스미스 씨가 타고 있는 자동차는 포드시스템의 산물이다.

그리고 10년 후에 이 차의 대수가 3배로 늘어난다. 자동차 대국 미국이 등장한 것이다. 미국이 미증유의 번영을 향유한 1920년대에 T형 포드는 미국 전국 자동차의 2/3를 차지했고 전 세계 자동차의 1/2이라는 압도적 수를 기록한다.

미국이 번영의 노래를 부른 분야는 자동차 산업뿐이 아니다.

T형 포드가 자본주의에 커다란 영향을 미친 것은 컨베이어벨트 방식에 의한 대량 생산 시스템 개발이다. 포드시스템이라 불리는 이 생산 공정은 전기제품을 비롯해 수많은 제조업 분야에서 비용 절감을 불러일으켜 대량 소비의 보급과 함께 경제사회 전반을 흔들며 20세기 자본주의의 모델이 된다. 실로 20세기는 미국의 세기였다.

같은 시기 유럽에서는 뤼팽과 같은 부자와 귀족들이 수제 고급 자동차로 스피드 경쟁을 하는 데 열중했다. 드디어 1920년대 후반에 이르러서야 유럽에도 포드시스템이 정착하게 된다. 그 시기가 늦어진 이유는 수제 전통이 강한 유럽에서는 포드형 기계생산에 대한 저항이 컸기 때문이다. 프랑스도 예외는 아니었으나 푸조와 르노 등 대형 자동차 메이커가 늦었지만 포드시스템 도입에 뛰어든다. 자동차로 바캉스를 떠나는 풍경이 보이기 시작하는 때는 제2차 세계대전 후의 일이 된다(98쪽).

프랑스 자동차 르노의 광고 포스터. 20세기 초

1920년대 후반에 이르러서야
수제 전통이 강한 유럽에도 포드시스템이
정착하게 된다. 뒤늦게 프랑스에서도
푸조와 르노 등 대형 자동차 메이커들이
포드시스템 도입에 뛰어들었다.

포드와 에르메스

푸조와 르노보다 먼저 자동차 선진국인 미국과 맞선 인물이 있다. 바로 에르메스다. 창립자인 티에리 에르메스(Thierry Hermès)의 손자가 되는 3대째의 에밀 에르메스(Emile Hermès)는 제1차 세계대전이 발발하자 군에 입대했으나, 군은 에밀을 마구용 가죽을 사들이게 하기 위해 캐나다로 파견한다. 그곳에서 에밀은 자동차 선진국의 현실을 보게 된다. 에밀은 마차가 19세기형 운송 수단이라는 사실을 절감한다. 에밀은 공부하던 시절 루이 르노(Louis Renault)와 친하게 지내며 그에게서 자동차에 대한 최신 정보를 들은 적이 있었다. 그리고 캐나다에 온 에밀은 친구의 말이 맞다는 사실을 알게 되었다. 에밀은 친구의 말을 자신의 눈으로 직접 확인한 것이다. 에밀은, 20세기는 더 이상 마차가 아닌 자동차의 세기라는 점을 깨달았다.

'이대로 마구상의 미래는 없다.' 에밀은 새로운 세기에 살아남을 메종의 미래를 고민했다. 그리고 그는 엄청난 도박을 한다. 당시 에밀의 결단이 오늘날의 에르메스를 만들어냈다고 해도 과언은 아니다.

장인인 형에 비해 장사 수완이 뛰어났던 에밀은 생각했다. 앞으로는 대량 생산의 규격품이 세계를 지배할 것이다. 수제 고가품은 시대착오적 산물이다. 하지만 생각의 전환이라는 것이 있다. 대량 생산이 보급되면 수제의 소량 생산은 그 희소성 때문에 상품 가치가 달라질 것이 틀림없다.

에밀의 생각은 천재적인 상인의 재능을 보여주는 것이기도 하지만 핸드크래프트맨십이 뿌리 깊은 전통으로 자리 잡고 있는 유럽의 토양에서 나온 발상이기도 하다. 에밀은 비교할 수 없이 뛰어난 기술을 축적한 메종이 새로운 세기에도 그 기술을 살릴 수 있는 방법을 고안한 것이다.

여기서 대결하고 있는 두 가지는 '장인에 의한 소량 생산'과 '기계에 의한 대량 생산'이고 즉, 유럽과 미국이다. 에밀 에르메스는 유럽 전통 브랜드의 부산물로 '소량 생산'과 '고급품'에 사활을 걸었다.

명품의 혼

에밀 에르메스의 결단이 유럽의 전통에 기원을 둔 것은 자동차 생산의 경우를 보면 명백하다. 다시 한 번 《세계 자동차 산업의 흥망》을 통해 영국의 롤스로이스와 독일의 벤츠를 살펴보자.

두 메이커의 공통점은 어디까지나 수제 고급차를 추구하며 부품도 자체 생산하고 손이 많이 가는 고도의 숙련된 장인 기술에 기초를 두고 고가의 고급제품을 만들었다는 점이다. 더욱이 양 사의 제품은 고급차를 신분의 심벌로 선호하는 세계의 왕후 귀족들에게서 특별 주문을 받아 그 고객들을 어느 정도 기다리게 하는 것이 당연시되었다. 이러한 의미에서 유럽산 고급차는 세계 시장을 상대로 한 국제 상품이었다. 완전한 주문생산으로 수제 고급차의 이상형을 추구하는 모습이 여기에 있다.

'고급 차'를 '고급 가방'으로 바꾸어보면, 이는 에르메스를 이야기한다고 해도 틀린 말은 아니다. 왕후 귀족을 대상으로 번성기를 누린 유럽의 명품 브랜드는 자동차나 가방에서도 수제 주문생산이라는 '혼'을 이어간다.

에르메스에서 볼 수 있는 정신도 바로 이 전통의 혼이다. 마구 수요가 없어지는 날이 점차 다가오고 있다. 그러나 완벽한 안장 만들기를 추구한 수제 고급품은 대량 생산의 규격품이 보급되면 될수록 그 가치가 올라갈 것이다. 여기에 에밀 에르메스의 사활을 건 도박이 멋지게 성공한 이유가 있다.

발주를 하고 제품이 만들어져 자신에게 들어올 날을 애타게 기다리는 일본의 직장 여성들은 신분 상승을 상징하는 자동차를 찾는 왕후 귀족의 기분과 같을 것이다.

우리는 더 이상 대량 생산과 대량 소비에 매력을 느끼지 않는다. 더욱이 오늘날 대량 생산과 대량 소비는 대량 폐기 시스템과도 연결되어 있다. 샤넬은 미국에 초대되어 갔을 때 '이 나라는 무엇이든 버린다' 라고 했다. 유럽의 크래프트맨십은 루이비통의 리페어 서비스 광고에서 볼 수 있듯이 일생 동안 사용할 수 있도록 내구성이 뛰어난 고급품을 지향한다. 에르메스 제품은 유럽인들의 명품 정신이 들어간 결정판이라 하겠다.

# '팔리지 않는 것'을 판다

희소성은 시장 가치

여기서 주의해야 할 점이 있다.

대량 생산 규격품에 식상한 우리는 주문생산이라는 소량 생산에 필요 이상의 기대감을 갖는다. 브랜드 제품이 시장에 널리 퍼져 우리가 실생활에서 가까이 접할 수 있게 되고 브랜드와 '동경'이 그다지 직접적인 연관이 없는 관계가 되어버린 듯한 오늘날, 주문생산 제품을 소유하는 일이 꿈에 그리던 것이라고 말할 수 있을까.

하지만 장인에 의한 소량 생산은 대량 생산 시장이 있을 때 비로소 가치를 갖는다. 희소성이란 어디까지나 대중시장을 전제로 하고 그 틀이 있을 때 발생하는 가치에 지나지 않는다. '품귀'라는 표현은 매스 마켓을 전제로 성립하는 말이다. 다른 말로 표현하자면, 만약 그 제품이 시장에서 유통되지 않고 —가령, 앞에서 언급한 귀족에게 고용된 조향사처럼— 단순히 수제로 만들어진 애용품 정도로 끝난다면, 그것은 비록 특수 주문생산된 것이라 해도 희소성의 상품 가치는 부여되지 않는다. 다시 말해서, 상품이 아니기 때문에 사치품은 될지언정 당연히 브랜드는 있을 수 없다.

브랜드는 시장을 전제로 할 때 비로소 성립하는 상품 가치이고, 희소 가치를 팔려고 했던 에밀 에르메스의 결단은 시장이 존재할 때 이야기가 된다.

이를 부연 설명하면, 주문생산이라고 해도 결코 한 개의 생산에 그치는 것이 아니라 기성품이고 어느 정도 '수량'의 틀이 만들어진 것이다. 에밀은 안장을 비롯한 마구를 대신할 상품을 무엇으로 할까 고민한 끝에 제품을 만들고 점포에 진열했다. 안장 만들기 기술을 살려 겉으로 바느질 뜸을 낸 핸드백을 시작으로 벨트에서 사냥개의 목줄 등 오늘날까지 이어지고 있는 에르메스의 가죽 제품들은 기성품이다.

이 가죽 제품들에 이어 에르메스의 두 번째 심벌 제품이 된 스카프도 당연히 기성품이고 특별 주문품이 아니다. 스테이셔너리(stationary)와 액세서리 등 에르메스의 장신구들 또한 마찬가지다. 에르메스의 경우, 과잉생산을 하지 않도록 관리하기 때문에 '품귀' 현상은 있지만 어느 정도의 수량은 생산해 내고 있다.

현대 명품이란 상품 생산이기 때문에 시장을 전제로 한 생산이다. 이것이야말로 귀족재와 브랜드 상품을 나누는 분기점이라 하겠다.

브랜드는 대량 생산?

기원의 문제로 돌아가보자.

여기서 기원이라는 것은 오트쿠튀르의 쿠튀에르, 즉 워스를 말한다. 에르메스를 비롯한 유럽 브랜드의 희소성 전략을 이해하는 데는 기원의 문제로 돌아갈 필요가 있다.

우리는 앞에서 워스가 오트쿠튀르 '모델 방식'을 채택해 고객의 선호도에서 자신의 디자인 선택 시스템으로 전환한 사실을 살펴보았다. 이 시스템은 고객 한 사람의 기호에 의해 하나의 제품을 만드는 종래의 장인 생산에서는 볼 수 없는 대량 생산을 가능케 했다. 고객의 주문과 상관없이 디자인 모델을 먼저 보여주기 때문에 미리 어느 정도의 수를 예측하고 고객의 선택에 맞추어 동일 모델의 복수 제작이 가능해진다. 워스는 이 시스템으로 오트쿠튀르를 시도했다. 이후 모든 명품 브랜드가 뒤를 잇게 되는 이 시스템을 리포베츠키는 다음과 같이 말한다.

오트쿠튀르와 함께 사치는 드디어 창조적 산업이 되었다. 아마도 대브랜드의 제작 방식—핸드메이드, 주문생산, 양보다는 질, 쿠튀에르의 숙련도—이 명맥을 이을 수 있게 되었음에 틀림없다. 그렇지만 동시에 여기에는 대량 생산이라는 근대 원리가 발휘된다. 대량 생산이라고는 해도 수는 많지 않고 100에서 1,000에 이르는 정도였다. 오트쿠튀르는 기술 혁신에 의해 대량 규격품이 생산·보급되는 시기 바로 전에 한정 생산을 확대했다.

이 문장에 이어진 숫자를 보면 이 오트쿠튀르 시스템의 '한정 생산' 규모에 대한 짐작이 가능하다. 1873년에 워스의 메종에서는 장인 1,200명이 일을 했고, 1935년경 샤넬 메종에서는 4,000명이 일을 했다. 이 숫자만 보아도 오트쿠튀르 시스템이 하나만을 생산하는 시스템이 아니라는 사실이 명백해진다.

에밀 에르메스가 장인 기질의 형과 결별하며 마구상 에르메스 간판을 내리고 피혁제품을 파는 새로운 에르메스를 연 때가 1922년이다. 그 제품들의 희소성이 어느 정도였는지 데이터를 보면 상상할 수 있다. 소량 생산은 '대량 생산(양산)'의 한 형태라 할 수 있는 것으로 하나만을 생산하는 체제가 아니다. 따라서 그것은 현대 명품이 된다.

다시 한 번 살펴보자.

한정 생산이라는 소량 생산, 이것을 시작으로 귀족재는 비로소 상품이 되었고 오늘날 우리가 알고 있는 브랜드가 되었다.

라이선스를 멀리하다

명품 브랜드는 결코 '양산' 하지 않는다.

루이비통, 에르메스, 샤넬 등은 라이선스 계약을 하지 않는 매종 브랜드이고, 그것이 오늘날의 성공 요인이 되었다는 점은 누구나 인정하는 사실이다. 라이선스 브랜드에 관해서는 미타무라 후키코(三田村蕗子)의 《브랜드 비즈니스(ブランドビジネス)》에 상세히 기술되어 있다.

해외 브랜드의 라이선스 상품은 1955년에 일본에 처음 등장했다. 그해에 다이마루(大丸) 백화점이 크리스티앙 디오르와 디자인 이용 계약을 체결하고 디오르 오트쿠튀르 판매를 시작한다. 1960년대 들어 이러한 움직임이 가속화되면서 이세탄(伊勢丹) 백화점은 발맹(Balmain), 마쓰야(松屋) 백화점은 랑방(Lanvin), 마쓰자카야(松坂屋) 백화점은 니나리치(Nina Ricci), 다카시마야(高島屋) 백화점은 피에르가르댕(Pierre Cardin)의 컬렉션 복제권을 샀다. 이는 오트쿠튀르 디자인을 이용한 합법적 복제품이다.

미타무라에 따르면, 백화점 다음으로는 상사(商社)가 개입되어 1970년대 일본은 '라이선스 브랜드의 황금시대'로 들어선다. 그 중에서도 피에르가르댕은 라이선스 브랜드의 선두 주자로서 미쓰이(三井) 물산과 손을 잡고 '최고 성수기에는 30개사에 이르는 회사 제품들이 손수건, 가발, 시트, 슬리퍼, 수건 등 온갖 상품에 피에르가르댕 로고를 붙였다.'

이렇게 '온갖' 상품에 외국 디자이너의 로고가 넘쳐난 사실은 일본의 브랜드 소비 역사에 선명하게 남아 있다. 피에르가르댕의 로고가 들어간 화장실 슬리퍼가 슈퍼마켓에서 팔린 것을 기억하는 독자들도 적지 않을 것이다.

피에르가르댕 이외에도 이브생로랑과 디오르도 라이선스에 의해 대량 생산되는 브랜드 중 하나다.

이 비즈니스는 라이선서 디자이너 쪽에서 보면 계약 후에는 아무런 노력을 하지 않고도 일정 수입이 들어오는 일이기 때문에 비교적 수월한 사업이 된다. 라이선스 비즈니스의 선두인 피에르가르댕은 이 사업으로 거부가 되었다. 그러나 이 대량 생산에 의해 지나치게 피에르가르댕을 판 결과, 그 '이름'의 값어치는 바닥에 떨어졌다. 자동차왕 포드가 10여 년에 걸쳐 T형 포드를 판매한 결과, 시장이 포화 현상을 보이면서 더 이상 T형 포드의 판로가 확대되지 않았던 것과 유사하다.

일본에서 라이선스 브랜드가 되어 포화 시장이 된 브랜드는 피에르가르댕뿐만이 아니다. 명품 브랜드만 보아도 디오르와 이브생로랑은 고품격 느낌을 상실하고 커다란 타격을 입었다.

LVMH는 이 손실을 줄이기 위해 1990년대 이후 연이어 라이선스 계약 해지 작업에 착수했다. 1998년 디오르는 가네보(Kanebo)와 체결했던 라이선스 계약을 해지했다. 크리스티앙 디오르는 LVMH 사장인 베르나르 아르노의 역작 브랜드다. 아르노는 루이비통이 마크 제이콥스의 기용으로 '유행의 얼굴'을 보인 예처럼 존 갈리아노(John Galliano)를 디오르의 디자이너로 발탁해 라이선스 비즈니스 해지 작업에 착수했다. 같은 LVMH 계열인 펜디(Fendi)도 2000년부터 라이선스 해지 작업에 들어갔다.

명품 브랜드 세계에서는 진부한 것만큼 두려운 적(敵)이 없다. 적게 비싸게 팔 것. '팔지 않는' 방법으로 파는 것, 이 전략은 1970년대 이래 라이선스 브랜드가 포화 시장에 돌입한 일본에서 즐겨 사용한 기법이다. 명품 브랜드는 희소성이 있을 때 비로소 그 아우라를 발산한다. 뒤를 이어 구치 그룹도 2000년에 일본에서 이브생로랑의 라이선스 계약을 해지했다.

H의 신화

　바꾸어 말하면, LVMH에는 과거의 과잉생산에 의한 네임밸류의 하락을 조절해야 할 시점이 된 것이다. 하지만 단 한 번도 라이선스 계약을 허락하지 않았던 에르메스에는 문제 자체가 일어나지 않았다. 1세기 전에 포드와 대결했던 에르메스로서는 수제에 의한 소량 생산은 양보할 수 없는 시스템이었다.

　일반에게 에르메스는 자사의 데이터를 공개하지 않는 것으로 유명하다. 마케팅 분야에도 미디어에도 에르메스사의 정보는 굳게 닫혀 있다. ‘신비의 베일’ 에 휩싸인 브랜드라는 소리를 자주 듣지만 사실 에르메스가 무엇을 지키고 무엇을 팔려고 하는지는 그 ‘적’ 을 보면 보다 정확하게 알 수 있다.

　여기서 적이란 바로 모조품을 말한다. 브랜드 상품에는 모조품이 붙어 다니는데, 진품과 완전히 똑같은 것에서 한눈에도 구별 가능한 모조품이 분신처럼 따라붙는다. ‘사치와 그 분신’ 도 이 글 주제의 하나이지만 자세한 설명은 뒤로 미루기로 하고, 우선 에르메스의 이미테이션(모조품)에 초점을 모아보자.

　맨 앞에서 꽴 이야기를 언급한 것은 후일담이 있었기 때문이다. 사실은 나도 그 후 꽴에 갔던 일이 있다. 그곳에서 본 에르메스의 사정은 ‘장인 생산의 신화화’ 를 생생하게 느끼게 했다.

도착 다음 날, 친구에게 들었던 쇼핑센터에 갔다. 1층에 들어 서자 아무리 보아도 켈리 백(Kelly Bag)으로 보이는 가방을 진열해 놓은 상점이 눈에 들어왔다. H 로고가 한눈에 들어오는 진열이 었다. 친구 이야기가 떠올랐다.

안을 들여다보자 일본인 점원이 다가왔다. 내가 "이거 에르 메스입니까?"라고 묻자, 점원은 "우리는 '하이클래스' 입니다"라 는 대답을 했다. 어디선가 들었던 이름이었다. 수년 전까지 일본 에도 있던 점포였다.

"에르메스에서 오랫동안 일했던 이탈리아 장인이 독립해서 만든 브랜드입니다. 본점은 이탈리아 밀라노에 있습니다."

분명 그 상점에서는 특유의 가죽 냄새가 났다. 가죽은 에르메 스와 같은 거래처에서 구입한다고 했다.

"안장을 짤 때 쓰는 방법이 있는데…… 우리도 같은 방식을 씁니다."

"아무리 보아도 에르메스네요, 이 제품!"

내가 되묻자 점원은 서슴지 않고

"그렇죠. 그래서 팔립니다. 에르메스를 갖고 계신 분들이 자 주 사러 오십니다."

그러고는 가방의 안쪽 바깥쪽 가죽 짜는 기법을 점원은 자세 히 설명했다. 수는 많지 않지만 주문생산도 한다고 했다. 같은 형이라도 가죽을 고를 수 있고 색깔까지 정할 수 있었다. 가죽 짜는 방식도 선택할 수 있었다. 에르메스가 수제라는 점을 조금은 실감할 수 있었다.

그런데 값을 묻자 확실히 달랐다. 에르메스의 정품 버킨 백(Birkin Bag)은 대개 100만 엔 정도 하지만 그곳 물건은 모두 10만 엔 단위였다.

역시 진품이 아닌 제품은 싸다는 생각이 들었다.

다음 날 다시 그 쇼핑센터에 갔다. 중심가에 자리 잡고 있어 한번 들러보고 싶은 곳이었다.

안에 들어서서 에스컬레이터로 2층에 올라가자 놀랍게도 바로 정면에 에벌린 백(Evelyn Bag)을 걸어놓은 상점이 보였다. 전날 1층에 있었던 '하이클래스'와는 또 다른 상점이었다. 선명한 블루 색에 H 마크가 들어간 제품은 아무리 보아도 에르메스 정품인 에벌린 백이었다. 그 상점 이름은 'H&H'. 전날 보았던 상점보다 훨씬 품격이 떨어지는 상점이 내 앞에 있었다. 안에는 손님도 없었다.

'대체 어찌 된 일이지?' 그렇게 생각하고 있는 내게 서툰 일본어를 쓰는 점원이 말을 걸어왔다. 나는 점원의 이야기에 다시 한 번 놀랐다.

"에르메스에 있던 장인이 나와서 상점을 오픈했습니다. 그래서 에르메스와 쓰는 가죽도 똑같고 짜는 방식도 똑같습니다.”

그보다는 어제 이야기와 똑같았다. 그때 다른 점원이 천천히 다가와 내게 사진첩을 펼쳐보였다. 가죽을 다루고 있는 장인의 아트리에 풍경을 찍은 단색 사진집이었다.

“그래도 당신은…….”

국적을 물으려는 내게 점원은 선수를 치며 대답했다.

“아, 전 한국 사람입니다. 그래서 쌉니다.”

점원은 악어가죽 켈리 백과 가든 파티 백, 가죽 벨트 등 많은 상품을 내게 보여 주었다.

“이거 얼마죠?”

내가 검은색 버킨 백을 가리키며 묻자, 점원이 500달러라고 대답했다. 나는 약간 호기심이 일어 여러 가지 가방 가격을 물어보았다.

“일본 손님들한테서 이렇게 많이 주문이 들어옵니다.”

점원은 주문서를 낱낱이 보여주었다. 분명히 일본인 여자 이름과 주소가 쓰여 있고 품명 같은 숫자가 써 있었다…….

‘어찌 된 영문이지……? 어쩌면 친구가 말한 상점이 여기는 아닐까?’

에르메스 같은 상품을 이것저것 구경한 나는 진품과 모조품에 대해 다시 한 번 생각하게 되었다.

이미테이션은 한마디로 가짜라고 하지만 종류가 다양하다. 에르메스 직영점에서 팔리는 상품 이외는 모두 모조품이 확실하지만 이해를 돕기 위해 여기서는 에르메스를 모방한 에르메스 같은 상품 전부를 통틀어 카피(복제)라고 부른다. 그 가운데서도 최고의 상품을 '유사 에르메스', 최하 상품을 '모조'라고 정하고 이야기를 계속해 보기로 하자.

장인 전설

이튿날 유사 에르메스라고 할 만한 하이클래스 상점에 다시 들렀다. 전날의 여자 점원이 웃으며 맞이했다. 내가 물건을 살 생각이 있다고 판단한 모양이었다.

"어떻게 된 일이죠? 2층에도 에르메스 같은 게 있던데……."

내 물음에 점원은 알겠다는 듯

"그것은 한국산 카피예요."

라고 대답했다. 말 그대로 2층 상점 점원은 한국인이었다. 점원은 그것은 문제 될 게 없다는 표정으로 설명을 계속했다.

정말 놀라운 일이 아닐 수 없었다. 하이클래스는 2층의 한국인 상점을 상대로 소송을 한 적이 있다고 했다. 그 이유가 더 기가 막혔다. H&H라는 그 한국인 상점이 상품에 '하이클래스' 라는 이름을 넣었기 때문이라고 했다. 물론 하이클래스의 두문자도 H다.

"같은 취급을 받은 사실이 견딜 수 없었어요. 그건 불법이잖아요. 그래서 소송을 제기했죠. 우린 브랜드 특허권을 갖고 있으니까요. 증거불충분으로 승소는 못 했지만……"

점원의 이야기는 이어졌다.

"우리 제품이 자주 도용되곤 해요."

그렇게 말하는 점원의 얼굴에는 자랑스러운 표정까지 떠올랐다. 듣는 나는 복잡한 심정이 되었다.

"사실은 하와이에도 점포를 열었어요. 그런데 우리를 너무 모방해요. 헨리 하이클래스(Henry High Class)라는 상표가 나와서 하와이 점포는 문을 닫았습니다. 우리보다 싸게 팔기 때문에 우리 상품이 팔리지 않아서요……."

헨리 하이클래스. 역시 H…….

"그 헨리 하이클래스도 2층의 한국 복제품과 같이 원래 에르메스 장인을 고용하고 있어요."

"그런데 당신네 제품도 원래 에르메스 장인이 만드는 건가요?"

상대의 태도가 너무 당당해 내가 솔직하게 물었다. 한두 개도 아니고 이렇게 많은 양을 혼자 만들었다고 생각할 수 없었다. 예상대로 본래 에르메스 장인은 한 사람이고 그가 기술자 여럿을 지도한다고 했다. 가죽은 에르메스에서 일할 때의 연줄을 이용해 에르메스와 같은 가죽을 공급 받지만 열쇠와 바깥 가죽 이외의 부품은 에르메스 자체 생산이기 때문에 다른 곳에서 들여온다고 했다. 이야기는 그럴듯했다. '진품 에르메스'의 무엇이 신화가 되었는지 알 것만 같았다.

내가 그곳에서 보고 들은 것은 에르메스를 모방한 제품들이 많이 유통되고 있다는 사실뿐 아니라 '장인 생산'이라는 에르메스의 생산 스타일 자체가 모방되어 브랜드의 2차시장을 형성하고 있다는 현상이다. 이제는 에르메스에서 장인으로 일했다는 경력 자체가 브랜드 가치를 갖고 그 진위 여부를 불문하고 '전설화'되고 있다는 점이 분명했다. '에르메스 장인 제조'를 상품화하는 유사 에르메스 점포가 또 다른 점포에 의해 복제될 정도로…….

그러고 보니 에르메스의 H, 하이클래스의 H, 그 복제품인 H&H 그리고 헨리 하이클래스라고 하는 H는 모두 핸드메이드(handmade)의 두문자다. 이렇게 불분명한 H 로고가 붙은 가방은 세계에 얼마든지 있을 것이다.

어쨌든 에르메스의 장인 생산은 전설이 되어 시장을 휘어잡고 있다. 약 100년 전 3대 사장인 에밀 에르메스가 대량 생산에 대항해 선택한 장인 생산 방식은 지금까지 생명을 이어왔다. 내가 미국 보호령인 괌에서 깨달은 사실은 역시 유럽 브랜드의 저력이었다.

포화 시장을 어떻게 타개해 나갈까?

앞에서 10년 이상 계속 T형 모델을 생산하면서 포드 자동차가 포화 시장이 되어 팔리지 않게 된 현상에 대해 살펴보았다. 일반적으로 시장이 포화되었을 때의 타개책은 두 가지가 있다.

하나는 신형 모델 개발로 상품의 활로를 개척해 시장의 변화를 유도하는 일이다. 포드는 이 전략을 쓴 GM에 왕자 자리를 내주게 된다. 1920년대 GM의 모델 변화 전략은 포화 시장을 새로운 시장으로 바꾸어놓았다. '멋은 좀 없지만 효율적인 T형 포드'를 대신해서 크림색에서 보라색까지 각양각색의 유선형 디자인의 화려한 자동차들이 1930년대 미국의 고속도로를 달렸다.

다시 말해서, GM은 자동차의 유행화에 성공했다. 사람들은 '성능'을 원하는 것이 아니라 차별화를 생각하며 자동차를 구입하게 되었다. 여기서 대량 생산, 대량 소비는 대량 폐기로 연결된다. 가령, 성능이 떨어지지 않아도 '오래된' 것은 가치가 떨어진다.

GM이 취한 이 전략은 다시 말하면, 상품의 진부화다. 이후 자동차 생산에서는 이런 현상이 대세가 되었고 포드까지 신형 자동차로 대항해야 하는 상황에 이르렀다. T형을 대신해 A형 포드가 전 미국의 주목을 받은 일은 미국 문화사에서도 특별한 사건이었다.

자동차왕 헨리 포드가 노린 것은 '일생 동안 사용할 수 있는 자동차'였다. 이 점에서 볼 때, 기이하게도 포드는 에르메스와 루이비통 같은 명품 브랜드가 내건 이념과 똑같다. 진부화란 결국 '유행화'이고 비통이나 에르메스는 결코 이 전략을 전면적으로 취하지 않으려 할 것이다. 소위 '유행 브랜드'란 일관성을 유지해야 브랜드답게 되기 때문이다.

그렇다면 과연 무엇이 포드와 에르메스의 차이점이 될까?

먼저 생산 시스템이다. 장인 생산=소량 생산 대 대량 생산의 차이다. 그리고 보다 중요한 차이는 여기서 기인하는 가격의 차이다. 유럽의 명품 브랜드는 가격이 비싸다. 디자인이라는 무형의 가치를 높게 팔려는 고가격 정책은 오트쿠튀르의 원조인 워스의 등장과 함께 자리를 잡게 되었다.

그와 더불어 에르메스와 비통에는 디자인만으로 환원되지 않는 '무형'의 상징재적 가치가 있다. 이것은 미국에서는 도저히 찾아볼 수 없는 것 즉, 왕후 귀족을 상대로 번영을 누려온 100년의 '전설'이다. 에르메스에서 주문생산으로 가방을 산 우리는 이 전설을 손에 넣기 위해 비싼 대가를 지불하는 것이다. 만약 이 전설이 우리가 도저히 미치지 못하는 곳에 있다면 그 복제품이라도 좋으니 갖고 싶어할 정도로…….

'한정'의 매직

곰에서 만난 '하이클래스'는 여행가이드 책자에도 당당히 실려 있다. 쇼핑 편에는 브랜드 이름들이 줄지어 올라와 있는데, 그중 하나가 하이클래스고, 편집부가 붙인 슬로건 카피가 실로 놀랄 만하다. "진품을 원한다면 하이클래스"라고 되어 있는 것이다. 에르메스 방식이랄까 유사 에르메스라 할까 진품 에르메스의 존재에 의해서만 존재하는 브랜드에 '진품 지향'이 어울리지는 않는다고 생각되지만…….

잡지에 실린 다음 내용을 보면, '한정품'이라는 전략도 모델 변화와 함께 포화 시장을 타개하는 또 하나의 방법이다. 여성지에는 이런 방식의 한정품 정보가 넘친다. 예를 들어, 하와이 여행가이드 책자를 보면 각 브랜드의 '하와이 한정품'이 셀 수 없이 올라온다.

한정품이란 조작된 희소성의 판매이며, 이로 인해 브랜드는 과잉생산에 의한 정체를 피해 유행에 의존하지 않고 독립적인 유행화를 주도할 수 있다.

브랜드는 '지금'을 강요하는 유행의 시제를 스스로 연출할 수 있다. 실제로 브랜드 정보가 골고루 퍼져 있는 일본 등에서는 이러한 '한정 판매'가 효과적이다. 대량 생산에 지친 21세기를 사는 일본 고객은 희소성에 약하다.

자기만의 유행화라고 한다면 에르메스가 최고일 것이다. 에르메스가 마르탱 마르지엘라, 장 폴 고티에와 다른 능력의 디자이너를 기용해 프레타포르테 부문에 참여했다고는 해도 루이비통처럼 '패셔너블한 얼굴'까지는 보이지 않는다. 끊임없이 최신 유행을 타는 모드의 계절성에 대해 어느 정도 거리를 두는 전략이 에르메스의 모습이다.

그 대신 에르메스에는 독자적인 시즌제가 있다. 연간 테마가 바로 그것이다. 예를 들면, 1989년은 프랑스혁명 200주년을 기념해 프랑스가 테마로 정해졌다. 이 테마에 맞추어 스카프의 디자인이 매년 바뀐다. 1992년은 바다, 93년은 말, 94년은 태양…… 이런 방식으로 거리 패션이나 업계 트렌드와는 전혀 상관이 없는 에르메스의 독자적인 테마를 선정해서 스카프에서 액세서리에 이르는 작은 품목에까지 매년 다른 디자인이 만들어진다. 유행의 시제에 구애 받지 않고 '시즌 한정품'을 만들어내어 마니아층의 수집 의욕을 자극하는 교묘한 스타일이다. 물론 다음 해 주제는 극비 사항이다. 정보의 희소성 또한 에르메스의 전략 중 하나다.

3 사치와 그 분신

'모조품' 들

앞에서 이미테이션에 대해 보았듯이, 브랜드에는 반드시 '모조품' 이 따라붙는다. 한국과 중국의 복제 기술은 유명하고, 카피 기술의 정교함에 따라 가격이 천차만별이라는 사실도 잘 알려져 있다.

모조품이 제일 많이 나도는 루이비통을 비롯해서 샤넬과 에르메스 그리고 다른 유명 브랜드들도 모조품 단속을 위해 해마다 막대한 비용을 쓰고 있다. 전설이 피해를 입어서는 곤란하기 때문이다.

루이비통의 예를 들어 보면, 2005년 1년간 모조품 고발이 1만 3,000건 이상 있었고 강제 수사가 약 6,000건, 체포된 모조품 업자가 1,000명에 이른다고 한다.

그런 가운데도 모조품 시장은 내가 경험한 에르메스의 경우처럼 여전하고 단순히 모조품이라기보다는 '장인 전설' 을 카피하고 나아가 그 카피를 또 카피하는 유사 브랜드의 순환구조가 형성되어 있다. 내가 꿈에서 들은 헨리 하이클래스의 경우도 그 중 하나다.

인터넷을 통해 검색을 해보면, 통신판매 사이트가 나타나는데 놀라운 것은 '헨리 하이클래스' 또는 '헨리 하이클래스 재팬' 등 유사한 사이트가 여러 개 나오고, 이들은 '에르메스 장인 출신' 임을 상술로 내걸고 있다.

'헨리 하이클래스 재팬' 사이트를 들어가보면, 다음과 같은 말이 나와 있다.

'헨리 하이클래스 가방은 이미테이션이 아닙니다. 본 브랜드의 설립자가 소속해 있던 고급 브랜드에서 가방의 디자인 사용 허가권을 얻어 제작하고 있습니다. 완전히 똑같은 가방이 있으니 안심하시고 이용해 주세요' (2006년 8월 현재).

그래서 판매 사이트에 들어가 보면 버킨 백, 켈리 백, 가든 파티 백과 에르메스의 정품과 똑같이 보이는 가방들이 화면에 떠오른다.

그래서 또 다른 헨리 하이클래스에 들어가 보면 '유사 사이트 주의' 라는 취지의 주의 문구가 올라와 있다. 어쩌면 둘은 경쟁 관계일지도 모른다……. 카피의 카피가 출현해서 정당성(?)이 문제가 되고 있는 듯하다.

도대체 어느 쪽 헨리 하이클래스가 '정품'의 유사 에르메스인지, 아니면 '유사' 에르메스인지, 그것도 아니면 '모조품'인지 알 수 없지만 아마도 '통신판매'라는 판매 형식이 이러한 뒷거래 시장의 확산을 가속화시키고 있는 것 같다. 유사 에르메스의 사이트 하나만 보아도 복잡하게 얽힌 가짜 브랜드 시장의 심각성을 알 수 있다.

틀림없는 사실 하나는 이러한 정품의 '분신'들이 진품의 값어치를 더더욱 높여 준다는 사실이다. 정품과 그 분신들의 공존은 현대에 시작된 것이 아니기 때문이다. 우리는 소위 '모조품'을 현대 브랜드의 특이 현상이라고 생각하기 쉽다. 그러나 잘못 생각해서는 안 된다. 현대 명품 브랜드는 그 탄생의 시점부터 이미 그 분신들과 함께한다.

앞에서 일본의 백화점들이 라이선스 브랜드를 통해 명품 브랜드에 대한 동경을 일으킨 사례를 보았다. 피에르가르댕 같은 과잉생산은 역효과를 냈지만 일본인들이 외국 브랜드의 매력을 알게 된 계기는 이들 라이선스 브랜드 즉, '합법적인 카피'에 있었다. 크리스티앙 디오르, 피에르발맹과 이브생로랑이라는 파리의 디자인 이름은 먼 꿈의 세계였다. 백화점의 특별 코너는 일종의 '꿈의 세계'이고 백화점 쇼핑 자체가 가슴 설레는 시간이었던 시절이 있었다.

이와 유사한 현상이 프랑스 백화점 산업에도 적용된다. 라이선스 계약은 없었으나 현대 명품 브랜드는 그 분신들과 동시에 태어나기 때문에 우리는 다시 한 번 '기원의 시대'인 제2제정기로 돌아갈 수 있게 된다. 산업왕 나폴레옹 3세 시대는 소비혁명이 일어난 시기다. 그 혁명의 발화점은 프랑스에서도 역시 백화점이었다.

현대 소비혁명

1852년 파리에 세계 최초로 본격적인 백화점인 봉마르셰가 문을 열었다. 루이비통 창업 2년 전 일이다.

예측할 수 없는 역사의 전개와 함께 현재 봉마르셰 백화점은 LVMH 계열에 편입되었지만, 전통 백화점인 봉마르셰를 창업한 아리스티드 부시코(Aristide Boucicaut)는 처음으로 '정가 판매'를 실시해 그때까지의 소매업 위주 상거래에 일대 혁신을 일으키며 업계의 주목을 받았다.

그 이전까지 상품 가격은 손님과 상인의 흥정으로 결정되었다. 정가 표시제가 없었기 때문에 윈도 디스플레이 또한 없었다. 손님이 물건을 사려면 살 물건을 정하고 어둠침침한 가게 안으로 들어가 주인과 가격 흥정을 할 수밖에 없었다.

봉마르셰 백화점은 이런 방법을 개선해 '출입 자유' 원칙을 내세웠다. 손님은 물건을 살 생각이 없어도 가게 안으로 들어가서 편하게 매장을 거닐다 아무것도 사지 않고 나올 수 있게 되었다. 더욱이 '출입 자유'의 원칙은 물건을 살 생각이 없는데도 한번 들어가 보고 싶다는 충동을 사람들에게 불러일으키는 쇼윈도 디스플레이의 연출과 더불어 시작되었다.

중산층 사람들에게 봉마르셰 백화점은 '꿈의 세계'의 출현이었다. '충동 구매' 쇼핑 형태는 봉마르셰가 탄생시켰다고 해도 과언은 아니다.

봉마르셰는 윈도 디스플레이의 노하우를 만국박람회에서 배웠다고 한다. 봉마르셰 백화점의 개점은 런던의 크리스털팰리스(Crystal Palace)에서 1851년 개최된 제2회 만국박람회가 열린 다음해였다.

그 3년 후 루브르(Louvre) 백화점이 개점을 한다. 19세기 후반 이후 백화점 개점이 이어진다. 이미 사라져버린 백화점도 있지만, 사마리텐(Samaritaine)과 프랭탕(Printemps)은 현재도 대기업으로 존재한다.

이들 백화점의 주력 상품은 의류였다. 제2제정은 섬유산업이 약진했던 시대다. 중산층 사이에서 기성복에 대한 수요가 일어났다. 당시까지 금전적인 여유가 없었던 사람들이 의복을 사는 곳은 중고 시장이었다. 한 단계 올라간 계층인 부르주아들 사이에서는 '신품'에 대한 욕구가 있었다. 백화점은 이 욕구를 충족시켜 주기 위해 탄생했다고 볼 수 있다. 그 배경에는 기계화된 기성복 산업의 비약적 발전이 있었다. 봉마르셰 백화점은 특히 신사용 기성복을 대량으로 판매했다. 왜냐하면 앞에서도 언급했듯이, 신사복 모델이 심플하고 모방하기 쉬웠기 때문이다.

다시 말해서, 신품이란 고급 제품의 복제품이었다. 주문생산과 기성품, 정품과 가짜는 동시에 태어난다. 봉마르셰 백화점이 개점하고 6년 후 워스가 라페 거리에 오트쿠튀르 메종을 열었다. 정품과 가짜는 거의 동시에 생겨난다. 백화점에서 팔린 '신품'은 오트쿠튀르의 복제품이다. '모조품'이라 하지 않고 '싼 상품'이라고 했다.

하지만 '싼 상품'이라고는 해도 백화점 유리에 진열되는 것은 중급의 제품이고, 의류를 중고품 시장에서 구입했던 서민들 입장에서 보면 그것조차도 동경의 대상이 되었다.

오트쿠튀르 정품은 주변에 싼 상품의 증식을 초래했다. 자연스럽게 '정품'은 싼 상품과 차별화하기 위한 노력을 기울여야 했다. 루이비통의 모노그램 발명이 모조품을 방지하기 위한 디자인이었다는 사실은 잘 알려져 있다. 명품 브랜드는 싼 것과 모조품 방지를 위해 탄생해서 현재에 이르기까지 막대한 비용을 지불하고 있다.

하지만 싼 제품과 모조품이라는 브랜드의 분신들은 그 존재 자체가 정품의 값어치를 올려주는 기능을 한다. 왕실과 귀족과 같은 재력을 갖지 못한 중산계급은 브랜드의 아우라를 무엇을 통해 느낄 수 있었을까?

그것은 바로 백화점 진열장을 장식하고 있는 중급품들을 통해서다. 이런 의미에서 백화점에서 팔리는 대표 기성복의 소매는 브랜드 전설의 유포에 공헌을 했고, 이는 현재에도 계속되고 있다.

정품의 품질은 조악한 싼 물건이 있을 때 그 차이를 알 수 있다. 대량 생산이 희소성의 가치를 살리는 것과 같은 이치로 모조품은 정품의 훌륭함을 강조해 준다.

1950년대 일본인은 무엇으로 브랜드의 가치를 알았을까? 백화점의 특선품 매장에 진열된 라이선스 브랜드의 드레스를 통해서 느끼지 않았을까! 가령, 정품이 있다 해도 비교할 수 있는 상품인 모조품이나 싼 물건이 없었다면 진품의 아우라는 모를 것이다……

나중에 한 디자이너가 출현해 명품 브랜드의 패러독스를 대
대적으로 전개하고 업계에 혁명을 불러일으키게 된다. 그 주인
공이 바로 코코 샤넬이다.

III

귀족이 없는 나라의 브랜드

: 샤넬과 대중시장

귀족에게 브랜드는 존재하지 않는다

샤넬은 전설이다

샤넬의 가방을 사면 검은 바탕에 흰색 글씨로 CHANEL이라는 로고가 붙은 봉투와 안에 작은 펌프가 함께 들어 있다. 꺼내보면 카를 라거펠트(Karl Lagerfeld)가 그린 샤넬 스케치 뒤에 다음과 같은 문구가 있다.

'한 사람의 여성, 하나의 이름, 하나의 전설'

아주 훌륭한 브랜드 정의다.

마치 샤넬은 하나의 전설이라는 뜻이다. 루이비통, 에르메스가 전설인 것과 같다. 단, 전설의 내용은 굉장히 다르다.

샤넬이 전설이 되는 데는 한 사람의 왕후 귀족도 필요 없었다. 기원에서 왕후 귀족의 이름을 지우고 공백이 된 그 자리에 샤넬은 자신의 이름을 새겨 넣었다. 이것이야말로 브랜드의 혁명가가 이루어 놓은 업적이다. 샤넬과 함께 브랜드의 정의는 19세기와 이별을 고한다. 바로 디자인 브랜드가 탄생하는 순간이다.

사실 코코 샤넬(Coco Chanel)은 자기 자신을 살아 있는 전설로 만든 디자이너다. 그녀의 생애를 그린 전기와 평전은 얼마나 될까. 최근의 기억으로는 20세기가 끝날 시점인 1998~99년에 〈아사히 신문〉 일요일판이 '100인의 20세기' 라는 제목으로 20세기를 회고하는 연재기사를 실은 적이 있다. 100인의 인물 중 대다수가 남자였으나 몇 안 되는 여성 중에 테레사 수녀(Mother Teresa), 일본의 시인 요사노 아키코(與謝野晶子)와 더불어 코코 샤넬이 선정되어 있었다. 어떠한 고객의 명성도 필요 없이 자기 노력과 재능만으로 자신의 이름을 불멸의 전설로 키운 샤넬. 그녀와 함께 또 하나의 '기원의 이야기' 가 막을 열었다.

'이름'의 정치

그 전설이 막을 올리기 위해서는 반 세기 정도의 서곡이 필요했다.

그 시간에 두 이름의 상관관계가 있었다.

소비자 측에서 보면, 브랜드 이름은 '약속' 과 동일하다. 루이비통에서 산 가방은 잘 망가지지 않는다. 왜냐하면 루이비통이기 때문에. 우리는 이렇게 믿으며 루이비통 가방을 구입한다. 하지만 이 신용의 근거를 더듬어 올라가면, 황실의 권위가 있었고 그 권위가 상인에게 권위와 신용을 부여했다.

오트쿠튀르의 창시자인 워스가 뒤집으려고 했던 부분도 이것, 이와 같은 이름의 히에라르키(Hierarchie)였다. 그래서 그는 먼저 비통과 카르티에처럼 궁정의 명을 받아 일하는 것이 아니라 고객이 자신의 메종까지 오도록 했다(136쪽).

워스는 호화로운 실내장식을 한 메종 내부에서 선택 받은 귀부인들에 둘러싸여 절대자처럼 군림하고 있다. 워스는 가령 상대방이 유명한 명문귀족의 부인이라도 대기실에서 기다리게 하고 한참 만에 모습을 나타내서는 아무 말도 없이 상대의 차림을 훑어보고 일언반구 설명도 없이 거만한 자세로 가부의 '판결'을 한다. 더욱이 그 판결에는 상상을 초월하는 가격이 붙었다. 워스는 고가 정책으로 디자이너의 위신을 끌어올렸다.

그래도 시대는 아직 19세기 후반이었다. 유럽의 왕족들은 여전히 절대권력을 누리고 있었다. 존경 받는 워스 역시도 궁정의 권위에는 미치지 못했다. 그 사실을 생생하게 전해 주는 에피소드가 있다. 신세기 쿠튀리에인 폴 푸아레(Paul Poiret)는 말한다. 샤넬보다 4년 정도 빨리 태어나 워스와 샤넬 사이에 위치하는 디자

워스의 메종 전경. 1900년경

워스는 비통과 카르티에처럼
궁정의 명을 받아 일하는 것이 아니라
고객이 자신의 메종까지 오도록 했다.
그래도 시대는 아직 19세기 후반이었다.
명성이 자자한 워스 역시도
궁정의 권위에는 미치지 못했다.

이너인 푸아레의 자서전 《시대에 옷을 입혀서(En habillant l' époque)》
에는 흥미로운 에피소드들이 많이 실려 있다.

엘리자베스 여왕이 죽은 뒤 에드워드 황태자의 대관식 거행이
예정되었다. 식전에 참가하는 영국 귀족으로부터 워스에게 망토
주문이 쇄도했다. 워스는 영국 출신의 쿠튀리에로 영국 왕실의
권위를 보고 자랐다. 전통에 비추어볼 때 망토 색은 진홍색으로
정해져 있었다. 3개월 동안 워스의 점포는 이 색에 대한 이야기
일색이었다. '이것은 영국 궁정의 화려한 망토 색이었다. (……)
워스는 세계적 걸작을 발표할 것이라는 자신에 차 있었다.'
귀부인들을 거만하게 대하며 명성을 쌓은 워스조차도 궁정에 대
한 공손함은 지극했다. 디자이너의 명성은 왕의 이름보다는 훨
씬 낮았다…….

카르티에의 다른 점

워스와 푸아레가 활약한 시대는 오트쿠튀르가 가장 번성했던
시절이다.

지하철이 개통되고 자동차가 모습을 드러낸 1900년 파리 만

국박람회를 열기로 들끓게 한 벨에포크는 오트쿠튀르의 벨에포
크이기도 했다.

어느 날 푸아레 가게에 그레퓔(Greffulhe) 백작부인이 찾아왔
다. 백작부인은 파리의 명문 귀족이었다. 우월감에 대한 백작부
인의 자만심은 사교계에서도 익히 알려진 사실이었다. 종업원들
이 모여 백작부인의 미모를 칭송했다. 푸아레는 백작부인에게
예를 표하고 드레스가 맘에 들었는지 물었다. 그러자 부인은 오
만하게 고개를 뒤로 젖히며 날카롭게 쏘아붙였다.

"나는 당신이 별스럽지 않은 의상밖에 못 만드는 줄 알았어요.
당신이 귀부인들의 드레스를 만들 줄은 꿈에도 생각하지 못했어
요."

그러고 보니 마르셀 프로스트(Marcel Proust)의 《잃어버린 시간
을 찾아서(À la recherche du temps perdu)》가 간행되기 시작한 것도 이
시기다. 백작부인은 그의 소설에서 게르망트(Guermantes) 공작부
인의 모델이 된 여성이다(139쪽).

푸아레가 전해주는 에피소드는 가문의 명예를 절대적으로 생
각하는 귀족의 자존심을 말해 주고도 남는다. 백작부인의 말은
결국 이렇다. '나와 같은 명문 귀족을 고객으로 둔 점을 자랑스

워스의 드레스를 입은 그레퓔 백작부인

그레퓔 백작부인은
프루스트의 소설 《잃어버린 시간을 찾아서》
속에 나오는 게르망트 공작부인의
모델이 되기도 한다.

러워 하라. 너는 한낱 보잘것없는 상인에 지나지 않느냐……' 는 뜻이다.

확실히 명문 귀족에게 디자이너의 '이름'은 아무런 가치도 없는 것이었다.

샤넬의 회상에서 그 예를 들어보자. 보석상 카르티에가 전하는 이야기다.

모리스 로스차일드가(家) 파티 때의 일이다. 대보석상인 카르티에가 벨기에 대사인 카르티에 드 마르센느 남작과 혼동이 되어 초대된 일이 있었다. 카르티에 부부의 방문이 알려지자 모리스 로스차일드는 그의 친구들이 이구동성으로 인정하는 거만한 태도로 카르티에에게 이것은 잘못된 일이고 상인을 초대하지는 않았다고 말했다. 그리고 한마디 덧붙였다.
"살롱을 돌며 그림과 가구를 구경하는 것은 괜찮소……."
카르티에 부부는 그 자리에서 발길을 되돌려야만 했다.
―《코코 샤넬의 비밀(ココ・シャネルの秘密)》

어떤 에피소드를 예로 들어도 상황은 명백하다. 귀족에게 브랜드는 존재하지 않는다. 브랜드의 권위는 귀족 시대의 종언과 함께 시작된다.

바꾸어 말하면 브랜드 시대는 민주주의와 더불어 찾아온다. 프로스트의 장편소설은 귀족이 몰락하고 새롭게 형성된 신흥 부르주아가 시대의 중심으로 들어서는 신구 두 세력의 변화를 묘사하고 있다. 작가의 예견대로 귀족의 명성을 알아주는 사람들은 급격하게 사라져간다.

드디어 브랜드 시대가 도래한 것이다.

브랜드와 민주주의

민주주의와 더불어 도래한 브랜드 시대.

이를 여실히 말해 주는 디자이너가 폴 푸아레다. 자주 인용되는 이야기인데, 젊은 푸아레가 워스의 점포에 고용된 경위는 '브랜드와 민주주의'의 관계를 적절하게 설명해 준다. 푸아레는 워스에게 다음과 같은 요구를 받았다고 한다.

"젊은 당신도 잘 알겠지만 내 점포는 오랫동안 세계의 궁정 의복을 만들어왔어. 그리고 최고의 부를 쌓은 고객들을 갖고 있지. 하지만 오늘날에는 그러한 고객들도 언제나 호화로운 드레스만 찾는 게 아니고 왕녀들도 직접 걸어서 이곳으로 찾아오지. 내 형은 간결하고 실용적인 드레스 만들기를 거부해 왔어. 형은 그런 종류의 드레스에 별로 관심이 없지만 수요는 있지. 우리는 트뤼프(서양송로) 이외의 것은 만들지 않으려는 전통 레스토랑과 같은 처지에 놓여 있어. 지금은 우리 점포에서도 메뉴에 프라이드 포테이토를 추가할 필요를 느낀다네."

나는 이 유명 점포의 프라이드 포테이토를 위한 촉매가 되기로 결심하고 워스의 부탁을 받아들이기로 했다.

젊은 푸아레는 영국 귀족의 위신은 안중에도 없었다. 앞에서 말한 에드워드 황태자의 망토 이야기는 마지막이 재미있다. 푸아레의 자서전에는 이렇게 끝을 맺고 있다. '워스에게 그것은 최대의 미적 표현이었다. 하지만 내게는 그것이 왜 재미있는지 전혀 알 수 없었다.'

영국 귀족의 의례복에 아무런 흥미도 느끼지 못했던 푸아레야말로 샤넬을 앞서서 현대 브랜드를 만들어낸 유행업계의 일등 공신이라 하겠다. 샤넬이 이룩한 업적의 대부분은 푸아레가 선구자라 할 수 있다.

실제로 푸아레는 궁정사회보다 넓은 계층을 보고 있었다. 20세기 디자이너의 눈에는 '대중'이 들어오기 시작했다. 무수히 많은 프라이드 포테이토 무리가 거기에 있었다. 푸아레는 그들을 위한 일꾼이기를 원했다.

푸아레는 유행의 혁명가다. 샤넬 이전에 여성을 코르셋에서 해방시킨 사람이 바로 푸아레다. 게다가 푸아레는 최초로 그리프(상표)를 자신의 전 제품에 붙였다(144쪽).

전 제품이라고 한 이유도 푸아레가 지금으로 말하면 토털 패션을 지향했기 때문이다. 우선 향수. 복식 디자이너가 향수를 만드는 전통을 창조한 사람도 푸아레였다. 그에게는 분명한 '브랜드' 콘셉트가 있었다.

그렇지만 그 모든 것들에서 결코 뒤떨어지지 않는 디자이너의 선구자적 특성은 미국을 주목했다는 점에서도 드러난다. 영국 궁정에 관심을 기울이지 않은 청년은 미국이라는 광활한 브랜드 시장에 눈길을 주었다.

20세기는 미국의 세기다. 달러의 힘이 귀족의 명성을 뛰어넘은 이 나라야말로 '브랜드 포테이토'의 약속의 땅이었다. 태동한 '부르주아'들에게 신랄한 비판을 가한 베블런의 《유한계급론》은 이를 말해 주고 있다.

현시적 낭비가 명성에 버금가는 이유는 그것이 금전적 능력이기 때문이고, 금전적 능력이 명성과 명예에 지지 않는 이유는 궁극

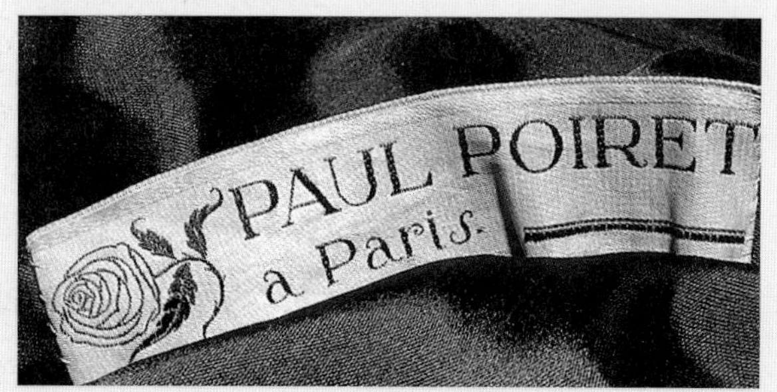

폴 푸아레의 그리프

푸아레는 유행의 혁명가다.
샤넬 이전에 여성을 코르셋에서
해방시킨 사람이 바로 푸아레다.
게다가 그는 그리프를 자신의
전 제품에 붙인 최초의 디자이너이기도 하다.

적으로 그것이 성공과 탁월한 힘을 입증하기 때문이다. 명가의
명예 대신에 '돈(달러)이 말해 주는 세상.'

달러의 대국인 미국은 사상 최초의 브랜드 천국이다. 푸아레
는 일찍이 그 냄새를 맡은 것이다.

미국식 상법

현대적 명품 브랜드는 '귀족이 없는 나라' 미국을 시장으로
탄생했다. 상인은 '귀족이 있던 나라' 유럽—그중에서도 미적
감각이 풍부하고 미식과 멋의 시장인 프랑스와 이탈리아—에
있었고, 고객은 돈이 있는 대중의 나라 미국에 있었다. 오늘날
일본을 중심으로 한 아시아 나라들도 거대한 브랜드 시장을 형
성하고 있는데, 내용을 들여다보면 상인이 프랑스와 이탈리아이
고 고객이 미국이라는 도식은 21세기인 지금도 변화가 없다.

명품 브랜드를 '지가(知價) 브랜드' 라는 독특한 콘셉트로 포착
한 사카이야 다이치(堺屋太一)의 브랜드론은 20세기 말 세계시장의
동향을 정리해서 이 시기 미국과 영국에서는 규격 대량 생산이
쇠퇴하고 정보 금융산업이 발전하지만 프랑스와 이탈리아에서

는 지가 브랜드가 태동했다고 기술한다(《브랜드 대번성(ブランド大繁盛)》).

20세기 영국에서는 금융산업이 미국에서는 정보산업이 발전한 것과는 반대로, 프랑스와 이탈리아는 명품 브랜드가 미국 시장을 목표로 흥하기 시작했다.

이러한 역사적 파고를 타고 넘은 사람이 폴 푸아레라는 인물이다. 그는 제1차 세계대전 직전인 1913년 미국 땅을 밟는다.

그가 미국에서 본 것은 상상을 초월하는 '브랜드 포테이토의 범람'이었다. 푸아레는 뉴욕에서 자신이 만든 기억도 나지 않는 모자와 드레스에 '푸아레 라벨'이 붙어 있는 광경을 보았다. '현시적 소비'가 좋은 것은 유한계급뿐만이 아니었다.

푸아레는 귀국 후 즉시 '오트쿠튀르를 지키는 모임'을 결성하고 의장권을 지키기 위해 나섰다.

'미국 상법'에 흥분하는 푸아레의 이야기는 흥미롭다. "미국 상인들의 수법은 형편없는 자신들의 상품에 마음대로 라벨을 붙이는 일 같았다. 이 나라 국민은 브랜드를 너무 좋아하고 상품 가치는 모르고 브랜드만으로 가치판단을 한다."

민주주의의 나라 미국은 브랜드를 좋아한다. 라벨이 있으면 그것만으로 기쁘게 산다. 품질의 '차이'를 알 수 있는 귀족적 미의식 등은 브랜드 포테이토와는 관계가 없다……. 여기 20세기의 미국에서 '대중'과 '브랜드'의 잘못된 결합이 최초로 성립된 것이다.

에밀 에르메스가 미국으로 건너온 것은 그 수년 뒤의 일이다. 에르메스도 대량으로 넘쳐나는 조악한 상품들을 뒤로하고 프랑스의 귀족재를 보호하기로 결심한다. 에르메스는 다른 오트쿠튀르와 함께 브랜드 포테이토에 대해 '노(No)'를 선언하고 핸드크래프트의 소량 생산을 견지하는 결심을 굳힌다.

그러나 프랑스 브랜드 창시자 중 유일하게 대량 생산을 지향한 사람이 있었다. 그녀가 코코 샤넬이다.

에르메스도 푸아레도 등을 돌린 미국의 것을 샤넬은 이렇게 말한다.

"나는 미국이 좋다. 나는 여기서 부를 축적했다. 대다수 미국인에게 프랑스 심벌은 샤넬이다."

샤넬은 대중의 브랜드 소비에 '예스'를 말했다. 여기서 브랜드의 현대적 막이 오른다.

샤넬이라는 이름의 포드

유행혁명

샤넬과 미국이라는 현대 명품 브랜드 탄생의 기념비라고 할 만한 '행복한 결혼'을 상징하는 한 장의 옷이 있다.

1926년 미국판 〈보그(Vogue)〉지에 여성 드레스가 하나 실렸다(149쪽). 아무런 장식도 없고 심플한 검은 드레스. 〈보그〉의 기자는 이 드레스에 다음과 같은 코멘트를 달았다.

'이것은 샤넬이라는 이름의 포드다.'

같은 마크의 자동차가 같은 형태를 하고 있기에 사는 우리들을 조롱하는 것일까? 아니다. 오히려 그 반대다. 같기 때문에 품질을 보증할 수 있다. 기자는 이렇게 주장한다.

포드처럼 대량 생산되는 대중을 위한 옷. 샤넬은 오트쿠튀르 협회의 전 구성원과 반대로 —물론 에르메스와 비통의 전통 메종과도 상반되게— 그것을 긍정했다. 귀족의 이름은 전혀 개의

미국판 〈보그〉에 실린 샤넬의 리틀
블랙 드레스

라 프티 로브 누아르(La petite robe noire)의
영어식 표현인 리틀 블랙 드레스는
옥스퍼드사전에 신조어로 등록되기도 했다.

치 않는 이 현대 여성에게 권위의 의상은 혐오의 대상이었다. 대중의 한 사람으로 태어나 자신에게 어울리는 옷을 만들어낸 샤넬은 당시까지의 전통 브랜드가 중요하게 여겼던 '전통과 혼'을 급진적으로 바꾸었다.

실제로 샤넬의 기획은 외제니 황후를 비롯해 특권계급의 귀부인들이 몸에 둘렀던 화려한 의례 의상을 일거에 뒤집는 것이었다. 샤넬은 제1차 세계대전을 계기로 피서지인 드빌에 소개(疎開)된 귀부인들의 복장에 독설을 퍼붓는다.

'1914년이라고 하면 아직 19세기의 잔상이 남아 있는 제2제정과 같은 시기다.' '여자는 오로지 재력가 계급을 과시하기 위한 도구에 지나지 않고 레이스와 세브르(Sèvres) 자기와 친칠라(chinchilla: 쥐목 친칠라과의 크기가 작은 남아메리카산 설치류. 짜임새가 아주 훌륭한 털은 모피코트로 쓰인다) 같은 고가 소재에 파묻혀 질식할 것 같았다.'

—《코코 샤넬(L'allure de Chanel)》

루이비통이 소중하게 나무 상자에 수납했던 귀부인의 의상이야말로 샤넬이 단숨에 버리려고 했던 것이다. 샤넬이 여기서 혁신적으로 단절하려고 했던 것은 이런저런 의상이라기보다 제2제정기에 탄생한 전통 브랜드의 근원과 관련된 것들이다.

들어서 기록한 샤넬의 자전인 《코코 샤넬(L' allure de Chanel)》을 남긴 작가 폴 모랑(Paul Morand)은 샤넬을 '모든 것을 죽이는 천사'라고 부르지만 이 테러리스트는 돈으로 치장한 귀족의 패션을 유행의 무대에서 말끔히 치워버렸다고 말한다.

샤넬의 유행혁명이 생산한 복장은 한마디로 심플하다는 표현이 적절하다. 즉, 그것은 여자가 스스로 입는 옷이다. 왜냐하면 제2제정의 귀부인 드레스는 하녀가 입혀 주어야만 했기 때문이다. '매무새'가 있는 의상이었기 때문이다.

다시 샤넬의 비평을 들어보자.

그때까지 아무것도 하는 일 없던 여자들과 하녀에게 신을 신기게 했던 여자들은 시간이 많았다. 하지만 우리의 고객이 된 여자들은 활동적인 여성들이다. 활동적인 여성에게 맞는 옷이 필요했다. 소매를 걷어 올려서는 안 된다.

재력과 지위의 표현인 아름다운 의상은 여성을 인형 같은 장식품으로 만들었다. 샤넬은 화려한 의상을 없애기 위해서 샤넬이라는 보잘것없는 소재를 과감하게 사용해 호화로운 의상을 시대에 뒤떨어지게 했다. 스커트를 짧게 하고 여성들을 구속에서

해방시켰다. '나는 당시 쿠튀리에들의 불만을 무시하고 스커트를 잘라버렸다.'

샤넬에 이르러 여성들은 활동적으로 변했고 거추장스러운 옷에서 자유로워졌다. 움직임이 편한 스웨터, 손이 편한 숄더 백, 그리고 무엇보다 활동적인 바지…….

샤넬이 디자인한 옷은 모두 '실용적'이다. 마치 포드가 대중을 위한 실용차였던 것과 똑같다.

모조품이 정품을 가치 있게 한다

거리를 오가는 평범한 여성들에게 어울리는 옷. 샤넬이 만들려고 했던 옷, 즉 그녀의 의상철학을 말하자면 '누구에게나 어울리는 옷'이었다.

샤넬은 브랜드 포테이토를 위한 옷을 만들어냈다. 도시에 사는 무명의 대중을 위한 옷. '프랑스인들은 대중감각이 결여되어 있다. (……) 여성은 모두 똑같을 때 비로소 한 사람 한 사람이 개성을 발휘한다'란 '예스'를 말한 샤넬의 의상 철학이었다.

다시 말해서, 샤넬은 비슷한 드레스가 거리에 넘칠 때 오트쿠튀르 의상들이 꿈의 아우라를 발산한다는 사실을 잘 알고 있었다. '명품'은 좁은 세계에 한정되지만 싼 물건과 모조품이라는 분신들이 범람할 때 정품은 그 진가가 드러난다. 카피의 존재는 진짜의 가치를 끌어올려 준다.

그렇다. 모조품은 정품을 가치 있게 만든다. '누구도 흉내 낼 수 없는 옷은 처음부터 매력이 없는 것이다'라고 거침없이 주장하는 샤넬은 '카피주의'라 해도 과언은 아니다.

대중을 위한 옷에는 양이 필요하다. 샤넬은 오트쿠튀르협회에서 고립되면서도 기성복의 양산을 내버려 두었다.

그런데 여기서 말하는 기성복이란 구체적으로 미국에서 제조된 싼 제품 또는 모조품이다. 1920년대 미국에는 이미 기성복 산업이 발달했다. 1920년대 전 미국에서 일하는 여성의 수는 증가 일로에 있었고, 커리어우먼들은 '입고 일할 수 있는' 활동적인 옷을 필요로 했다.

샤넬의 패션 콘셉트는 이에 적절히 맞아떨어졌다. 정품을 주문할 수 있는 사람은 극히 일부의 유한계급에 지나지 않는다. 따라서 대답은 간단했다. '샤넬형' 디자인이라면 카피한 싼 제품으로도 충분했다. 미국에서 이렇게 유행한 싼 제품의 샤넬 모두가 불법 복제품은 아니었다. 미국의 바이어들은 컬렉션 때마다 대서양을 건너 파리로 모델을 사러 갔다. 지금처럼 비행기가 일반적이지 않았던 시절 바다를 건너는 호화 여객선은 바이어들을 르아브르(Le Havre) 항구로 실어 날랐다. 바이어들은 항구에 도착하면 파리의 메종으로 직행했다. 모형지를 사기 위해서다.

귀국한 그들은 그 모형지로 대량 기성복 제조에 돌입한다. 물론 브랜드 이름도 붙인다. 미국인은 브랜드를 좋아하기 때문이다.

대량 생산에 샤넬은 한마디 클레임도 걸지 않았다. 이 점이 샤넬을 루이비통과 에르메스로부터 구분 짓게 하는 최대 차이다. 후자들을 '정품주의'라고 부른다면 샤넬은 '모방주의'다. 실제로 샤넬은 폴 모랑에게 말하고 있다.

"나는 동업자들인 쿠튀리에들에게 이렇게 말해 왔어요. 외국인은 우리 옷을 마음대로 복제할 수 있을까? 그렇다. 가능하다. 그들은 카피하고 있을까? 그렇다. 하고 있다. 그래서 드레스에 특허를 둘 필요가 없다."

샤넬에게 자신의 작품을 남들이 카피하는 일은 자신의 디자인에 대한 '사랑과 애정'의 증거였다. 굳이 그 칭찬과 애정을 막을 필요가 있을까. 카피 상법은 샤넬의 이름을 세계에 널리 알렸다. 그것이 얼마나 막대한 광고 효과를 발휘했을까.

샤넬은 그 어떤 브랜드보다 먼저 '유명성'의 위력을 잘 알고 있었다.

시대는 이미 샤넬의 친구였다. 20세기의 바람은 유럽의 좁은 사교계를 뒤집어엎고 대중, 미국 쪽으로 불어왔다. 이 세기의 바람을 타고 샤넬 디자인은 대량으로 복제되고 그녀의 이름은 미국 전역으로 퍼져나갔다. 특히 샤넬의 이름을 드높인 것은 무엇보다도 향수 '넘버 5'다. 제1차 세계대전 후 미국의 병사들이 고국으로 가져갈 선물로 '샤넬 넘버 5'를 사기 위해 캉봉 거리에 줄지어 늘어선 일은 유명하다.

이미 10년 전부터 샤넬 넘버 5는 매출 세계 1위를 달리는 향수였다. 미국인에게 샤넬은 꿈의 이름이었다. 〈마리 클레르(Marie-Claire)〉의 편집장을 지낸 저널리스트 마르셀 헤드리히(Marcel Haedrich)의 샤넬 전기 《코코 샤넬(Coco Chanel)》은 미국에서의 '샤넬의 공업화'를 다음과 같이 기술하고 있다.

미국에는 이미 복식 산업이 존재하고 있었다. 그것은 3번가에 둥지를 틀고 있었다. 일찍이 포드 자동차가 그랬던 것과 똑같았다. 1920년 디트로이트는 편하게 잔업을 할 수 있고 부담 없이 입을 수 있는 옷이 필요했다(앞에서 포드 자동차가 길을 달렸던 것처럼).

그러면 우아함은 어디서 찾아야 하나? 여성이라는 차체는? 여기서 샤넬이라는 이름이 해결책을 제시해 준다. 샤넬이라는 문자만 있으면 대량 생산되는 양복도 고급품이 되었다.

샤넬은 상황을 파악하고 있으면서도 내버려 두었다. 그녀는 에밀 에르메스가 결코 용납하지 않았던 대량 생산을 태연하게 받아들였다.

실제로 샤넬이 만든 옷은 '리틀 블랙 드레스' 라 불리며 샤넬 사의 아이콘 가운데 하나가 되었는데, 이 옷은 기꺼이 복제를 기다리는 것처럼 단순한 디자인이었다. 워스가 디자인한 외제니 황후의 드레스는 카피가 불가능했다. 샤넬의 말대로 '카피되지 않는 디자인이 있다면, 그것은 살롱의 드레스' 다. 샤넬은 살롱 드레스를 유행에 뒤떨어진 것으로 보았다.

그러면 샤넬은 미국에서 생산되는 '샤넬' 을 진심으로 반겼을 까? 물론 대답은 '노' 다. 그녀 역시 프랑스인이었기 때문이다. 그녀는 헤드리히에게 진심을 밝히고 있다.

"나에게 사치란 적어도 5년은 입을 수 있는 옷을 갖는 일이다. 오래된 옷, 손때 묻은 물건이 내 꿈이다. 미국에선 아무것이나 버린다. 제대로 된 건 하나도 없다. 세탁도 하지 않고 세탁하려고도 들지 않는다. 드라이클리닝을 한 번 하면 단추가 하나밖에 안 남는다. 미국은 명품과는 거리가 멀다. 소름이 끼친다.”

이것이 샤넬의 개인적 ‘취향’이다. 그러나 비즈니스가 되면 이야기는 달라진다. 샤넬의 선구자적 기질은 푸아레의 뒤를 이어 미국이라는 광활한 브랜드 시장을 목표로 정하고 정복해 나가는 일이다.

샤넬 라이선스?

샤넬이 전후 오랜 공백을 깨고 파리로 돌아왔을 때 그녀를 지지했던 쪽은 미국이었다.

당시 파리에서는 허리가 잘록한 여성다움을 강조하는 디오르의 디자인이 ‘뉴룩(New Look)’이라 불리며 갈채를 받았고, 샤넬은 ‘시대에 뒤떨어진’ 평가를 받았다. 하지만 미국에서는 샤넬 정장이 대대적으로 팔리기 시작했다.

이 시련의 시기에 샤넬은 미국 시장에 운명을 걸고 있었음에 틀림없다. 이를 알 수 있는 편지 한 통이 있다. 샤넬이 은둔처인 스위스에서 돌아와 파리에 메종을 다시 연 해인 1953년에 뉴욕의 친구인 〈하퍼스 바자(Harper's Bazaar)〉 편집장을 지낸 카멜 스노(Carmel Snow)에게 보낸 편지다.

친애하는 카멜

여름 내내 생각한 끝에 다시 한 번 일에 복귀해 보는 것도 재미있다는 생각이 들었어요. 일은 내 생명과도 같기 때문에요.
지금의 파리 분위기는 뒤죽박죽으로 옷을 살 돈이 없는데도 컬렉션을 보러 오는 사람들이 날로 늘어나고 있어요. 그래서 나는 지금까지와는 전혀 다른 일을 생각하게 되었어요. 나의 목적은 로열티를 기반으로 미국 메이커를 통해 대량 생산을 시작하는 일이에요. 내가 하려는 일이 세계 패션계에 센세이션을 일으킬 것이라 확신하고 있어요.

샤넬에게 라이선스 브랜드 구상이 있었다. 실현은 되지 않았다. 그러나 그 콘셉트의 민첩함이 군계일학이다. 미국뿐 아니라 일본에서 라이선스 브랜드가 시작된 것이 1955년이다. 그 2년 전에 벌써 샤넬은 콘셉트를 잡고 있었다. 게다가 이것을 일본에서 실현시킨 사람이 샤넬의 경쟁자인 디오르의 라이선스였다는 사실도 유행의 세계 정세를 볼 때 흥미로운 점이다. 일본에까지 그 이름을 날린 디오르의 기세가 샤넬에게 컴백 의사를 굳히게 한 결정적 계기가 되었기 때문이다.

일찍이 향수 넘버 5 판매권을 다른 사람에게 양도해서 어려움을 겪었던 샤넬은 로열티 시스템을 공부했다. 그렇지만 샤넬의 라이선스 비즈니스가 열매를 맺지 못했다는 사실도 유행의 혁명가인 샤넬의 행운이었을까. 실현시키지 못한 덕분에 샤넬은 희소성의 명품 브랜드 향기를 계속 유지할 수 있었기 때문이다.

여기서 확인해 둘 점은, 샤넬이 '유행업계의 포드'였다는 사실이다. 현대적인 명품 브랜드는 대중시장을 생대로 태어났다.

포드가 당시까지 귀족의 노리개였던 고급차를 대량 생산 시스템으로 비용 절감시켜 '대중차'를 만들어낸 것처럼, 샤넬은 '하녀에게 구두를 신기게 한' 귀부인의 드레스를 청산하고 편안하게 거리를 활보할 수 있는 옷을 만들었다. 샤넬은 귀족이 없는 대중의 나라 미국이야말로 최고의 브랜드 시장이라 계산하고 있었다.

"왜 일본 사람들은 그렇게 브랜드를 좋아하는가?"라는 말을 자주 듣는다.

그 질문은 대체적으로 일본 전에 미국이 있었다는 사실을 염두에 두지 않은 말이다. 현재도 미국인의 브랜드 열풍은 결코 일본인에 뒤지지 않는다. 브랜드 문화사는 때때로 열등한 '국민성' 분석보다 많은 생각을 불러일으킨다.

유행: 그것은 나다

또 하나의 '기원' 이야기

대중은 브랜드를 좋아한다. 현대 브랜드의 '혼'은 전통이 아니라 대중의 혼에서 나온다.

자신이 대중의 일원으로 태어난 샤넬은 자신의 옷이 거리에서 살아 움직이는 모습을 마음으로 기뻐했다. 《캉봉 거리의 샤넬》에 그녀의 마음이 잘 표현된 부분이 있다.

한 번은 우리가 생제르맹앙레 시장 가까이를 차로 지나칠 때 한 행상인이 이렇게 소리치고 있었다.

"메 프티 샤넬을 샀다. 샀어! 메 프티 샤넬이 단돈 100프랑!"

샤넬은 운전수에게 차를 멈추게 하고 그 행상인에게 키스를 해준 후 만족스러운 표정으로 돌아왔다.

"내 인생은 성공이야! 내 옷을 단돈 100프랑에 살 수 있으니까."

싸구려의 범람에 대해 '의장권'을 지키려 하는 다른 브랜드와 달리 샤넬은 거리의 힘을 믿었다. '거리는 살롱보다 더 재미있다'는 표현은 그녀다운 말이다. 시대의 바람이라고는 하지만 샤넬은 도대체 어디서 이러한 '거리의 혼'을 배웠을까. 유행업계 포드의 '기원'은 대체 어디서 유래하는 것일까.

답은 하나다. 바로, 태어나면서부터가 아닐까.

샤넬은 요즘 표현으로 하면 거리의 아이였다. 아버지의 태생조차 불확실하다. 샤넬이 신비의 베일에 쌓인 이유는 성장 배경에 있다.

이 책에서 샤넬의 생애를 탐구할 생각은 없다. 지금까지 본 바대로 전설이 되는 것이 브랜드의 조건이라고 한다면, 샤넬 브랜드는 샤넬이라는 한 여성의 전설을 상품화해서 성립한다. 이 장의 앞부분에 언급했던 말을 다시 한번 상기해 보자.

한 사람의 여성, 하나의 이름, 하나의 전설

디자이너 브랜드의 기원에 한 여성의 신화화가 있다. 루이비통의 기원에 나폴레옹 3세가 있었고 외제니 황후가 있었던 것과 같다.

단, 두 기원 사이에는 천양지차의 차이가 있다. 가브리엘 샤넬은 파리에서 멀리 떨어진 오지에서 태어났다. 아버지는 주소가 일정치 않았던 행상이었다. 어린 시절 샤넬은 그 아버지에게 버림을 받은 고아였다. 그리고 고아라는 자신의 출생은 일생 동안 그녀가 누구에게도 말하지 않았던 비밀이었다. 아버지에게 버림 받은 딸은 오바진(Aubazine) 수도원 고아원에서 소녀 시절을 보낸다. 그 시절이 어떠했는지 수도원의 두꺼운 벽만큼이나 접근하기 힘들다.

샤넬은 절대 고아원이라는 말을 하지 않았다고 한다. 그녀는 아버지가 어떤 사람이었는지 다른 형제들이 있었는지 자신의 출생에 관한 어떠한 사실도 말하지 않았다. 아니면 여러 이유를 붙여 거짓말을 했다. 예를 들어 아버지는 미국에 가 있다거나 고아원이 아닌 숙모 집에서 컸다는 식으로 되어 있다.

아무튼 샤넬의 생애는 아직도 많은 부분이 수수께끼다. 그래서 코코 샤넬의 일생은 —코코라는 이름은 물랭(Moulins)에서 가수 생활을 할 때의 닉네임으로 본명은 가브리엘(Gabrielle Chanel)이지만— 신에 휩싸여 있고 갈수록 더 많은 전설이 쏟아지고 있다.

성공한 이후의 샤넬은 자신의 '전설'에 대해 잘 알고 있었다. 그녀는 폴 모랑에게 자신의 출생에 대해 침울하게 말하고 있다.

"인간은 누구나 전설이 있어요. 바보 같은 전설도 있는 반면 꿈

같은 전설도 있어요. 내 전설로 말하자면 파리지엔, 시골 사람, 얼간이, 예술가, 시인, 사교계 인사들에 의해 충분히 알려졌어요. 모두 제멋대로여서 간단한가 싶으면 복잡하고 무엇이 무엇인지 알 수가 없어졌어요."

기업가 샤넬

스스로 말하듯이, 샤넬의 전설은 '무성한 소문' 뿐이고 진실은 지금도 분명치 않다. 그러나 여기서 이 책의 주제에 맞는 중요한 두 가지 사실이 있다. 하나는 루이비통과 에르메스 같은 전통 브랜드와는 반대로, 샤넬은 자신의 태생 덕에 아무것도 모르고 업계에 뛰어들 수 있었다는 점이다. 비통이나 에르메스는 수 대에 걸친 '혈통서'를 갖는 업자였다. 하지만 샤넬에게는 혈통서가 없었고 워스와 푸아레처럼 오트쿠튀르 수업을 받지도 않았다.

따라서 샤넬은 업계의 전설에 조금도 구애 받지 않고 대담한 혁신을 실행할 수 있었다.

이런 나에게 유행의 혁명을 이끌고 나갈 의식이 있었을까. 전혀 없었다. 하나의 세계가 끝나고 또 하나의 세계가 다가오고 있었다. 나는 그 변화의 한복판에 있었다. 기회가 주어졌고 나는 그 것을 살렸을 뿐이다. 나는 이 새로운 세기에 살고 있다. 그래서 그것을 의복에 표현하는 일을 담당했던 것이다.

비통이나 에르메스에게는 없고 샤넬에게 있는 것은 그녀의 말에서도 알 수 있듯이 '초보자의 혼' 이다. 샤넬은 20세기가 낳은 최고의 기업가 중 한 사람이다. 즉, 패션계의 빌 게이츠다.

이 기업가의 두 번째 강점은 카피 문제에서 언급했던 것들과 밀접하게 관련되어 있는데, 바로 오리지널에 집착하지 않는 점이다. '유행은 예술이 아니라 일이다' 는 샤넬이 자주 언급한 이야기인데, 살롱보다 거리를 사랑한 그녀는 예술의 독창성 등에는 관심이 없었다. 다시 샤넬의 이야기를 들어보자.

쿠튀리에들의 역할은 대단하지 않다. 어차피 시대의 변화를 재빠르게 잡아내야 하는 일이라면 언젠가 다른 사람도 똑같은 것을 만들 것이다. 내가 파리 이곳저곳을 돌아다니며 영감을 얻은 것과 같은 이치다. 다른 사람이 내 흉내를 내며 비슷한 것을 만들었다고 이상할 것은 없다. 일단 세상에 나오면 창조도 무명 속으로 사라지는 것이다.

라이프스타일을 판다

파리 거리에 불어닥친 신세기의 바람을 누구보다 앞서 느낀 샤넬은 업계의 관습에 얽매이지 않고 같은 시대를 사는 여성들과 손을 잡았다. 그녀는 새로운 시대를 향해 나아가는 여성들의 선두에 섰다. 샤넬은 의복에서 새로운 라이프스타일을 찾았다. 쓸모없는 부분을 버린 실용성이 그녀의 슬로건이었다. 자유로운 공기를 마시고 싶어한 활동적인 여성들은 샤넬이 내놓은 스타일을 자신들의 일상생활에 적합하다며 환영했다. 롱스커트는 이미 거추장스러운 존재가 되었다.

면을 대신해 저지(jersey) 같은 소박한 소재를 들고 나온 샤넬은 돈이 드는 불필요한 장식을 제거한 실용주의자다. 손을 집어넣을 수 있는 주머니를 비롯해 나중에 전설의 아이콘이 되는 수많은 패션 아이템들이 모두 실용성을 살린 제품들이다. 예를 들어, 그중 하나인 바이컬러 펌프스(pumps: 끈이 없고 발등이 파인 여성용 구두. 발가락 부분이 막혀 있다)는 더러워지는 발톱을 감출 수 있는 디자인이고, 가방의 퀼팅(quilting)은 가죽 손상을 드러내지 않게 하기 위한 아이디어이며, 숄더는 손을 자유롭게 하기 위한 디자인이다.

특권계층의 허례허식을 부정하는 대중을 위한 감각은 빠르게 퍼져나갔다. 시대의 흐름은 대중으로 흘러가고 있었다. 귀족적인 유려함을 버리고 일하는 여성들을 위한 유행을 만들어낸 샤넬은 집을 나서서 상쾌하게 일하는 여성들을 위한 생동감 넘치는 스타일 때문에 많은 호응을 얻었다. 샤넬로 인해 유행은 호화로움에서 역동적인 감각으로 옮겨갔다.

젊고 발랄한 스타일의 샤넬은 세계적인 '시대의 총아'였다. 미증유의 번영에 취한 미국을 시작으로 1920년대는 세계가 온통 '젊음'이 특권을 누리던 시대다. '젊음'이 드디어 시대의 꽃이 된 것은 20세기의 일이다. 젊은 여성이 매력적이라는 당연한 감각은 '자연'적인 것이 아니라 문화의 산물이었고 세기말에서는 '성숙'이 여성 매력의 원천이었다.

당시의 미디어를 보면 상황은 명백해지는데 세기말에 창간된 〈보그〉의 그라비아(gravia)를 장식한 것은 명가의 실내와 성숙한 여성의 매력을 강조한 무대 여성들이다. 이는 일본에서도 마찬가지로 메이지(明治) 30년대에 창간 붐을 일으킨 여성잡지를 보아도 귀족 부인의 초상화 등이 그라비아를 장식하고 있다.

하지만 시대가 내려가 1920년대에 들어서면 풍속 혁명이 일어난다. 일본의 경우 다이쇼(大正) 시대 다니자키 준이치로(谷崎潤一郎)가 쓴 《바보의 사랑(痴人の愛)》의 영웅이 그 선두주자라고 하면 이해가 쉬울지 모르겠다. 춤을 배우며 이성과 방만한 사랑을 하게 되는 나오미는 현대 여성, 아니 보다 정확하게 말하면 '플래퍼(flapper)'다. 플래퍼의 본고장은 미국이다. 고속도로를 달리는 할리우드영화가 유행하고 여성들은 화장을 하고 춤추러 간다. 짧은 스커트를 입고 가능한 젊게 보이려 한다. '젊음'은 시대의 흐름이었다. 게다가 이 유행은 전 세계를 뒤덮었다. 호화 여객선 시대의 뒤를 이어 린드버그 비행기가 대서양을 횡단하는 1920년대 지구는 점차 좁아지고 있었다.

프랑스에서 이 유행에 불을 지른 것은 프랑스 빅토르 마르그리트(Victor Margueritte)의 베스트셀러 《가르손(La Garçonne)》(1922)이다. 자유롭게 결혼한 주인공은 얼마 후 자신의 의지로 이혼을 하고 자립의 길로 들어선다. 마치 코코 샤넬이 그랬던 것처럼.

유행한 것은 바로 나다!

실제로 샤넬 자신이 가르손이다. 이 '젊음의 시대'를 이끈 선두주자다. 다음과 같은 에피소드가 있다.

한번은 누가 내게 말했다.
"나이 든 여성들을 위한 옷을 만들고 싶어."

나는 이렇게 대답했다.

"나이 든 여성 같은 건 이제 없어."

미국에서는 '플래퍼', 프랑스에서는 '가르손', 일본에서는 '현대 여성'이라 불리며 젊음을 강조하는 유행으로 번져나간 신풍속도에는 하나의 공통점이 있었다. 그것은 단발, 바로 쇼트커트(short cut)다.

샤넬은 그 선두에 서 있었다.

1917년 나는 치렁치렁한 긴 머리를 잘랐다.

처음엔 조금씩 잘랐지만 나중에는 짧게 쳐버렸다.

"왜 짧게 잘랐어요?"

"귀찮아서요."

'모든 것을 죽이는 천사'에 어울리는 말이지만 더욱 놀라운 만한 사실은 샤넬이 만년에 당시를 회상하며 한 말이다. 자신의 출신에 대해 말하기 싫어했던 그녀는 미디어와 별로 사이가 좋지 않았으나 한 번은 그녀 마음에 들었던 저널리스트가 TV 인터뷰 자리를 마련했다. 샤넬이 85세 때의 일이다. 그녀가 죽기 2년 전이다.

그 인터뷰에서 말한 쇼트커트에 대한 이야기를 인용해 보자.
브랜드의 본질에 관계된 부분이 들어 있기 때문이다. 저널리스
트의 물음에 심드렁한 샤넬의 대답은

"당신은 머리를 자르게 해서 최초의 혁명을 일으켰지요."
"아니요. 스스로 잘랐어요."
"다른 여성들이 당신을 흉내 냈어요."
"그녀들이 나를 흉내 낸 건 내가 멋지게 보였기 때문이에요. 만
약 당시 다른 무엇인가가 유행했다면 그것은 쇼트커트가 아니에
요. 유행한 것은 나 자신이에요."

'유행한 것은 나 자신이다.' 이 부분의 프랑스 말을 직역하면
샤넬의 대단함이 그대로 전달된다. 즉, '유행, 그것은 나다.'
자신의 이름을 불멸의 전설로 만든 여왕의 관록이 묻어난다.
일찍이 루이 14세가 말했다. '국가, 그것은 짐이다' 라고. 샤넬은
말한다. '유행, 그것은 나다.' 업계에서 자신의 이름을 세계에 퍼
뜨려 상징자본이 된 실업가다운 말이다. 전성기의 샤넬사 종업
원은 4,000명을 넘었다. 그 번영의 모습은 '샤넬 제국' 이라는 이
름에 걸맞았다.

도시의 브랜드 힘

샤넬 제국의 배경에 있었던 것은 파리라는 도시의 문화적 지배력이다.

절대왕정에 군림한 국왕과 유행업계에 군림한 여왕 두 사람이 똑같은 말을 했다는 사실은 결코 우연이 아니다. 어느 경우든 배경에는 프랑스의 국력이 있었다. 루이 14세가 군림한 베르사유 궁전은 유럽의 모든 궁전을 세력권에 넣고 호령했다. 한편, 샤넬 시대의 파리는 문자 그대로 세계 예술 문화계의 중심지였다. 1900년 파리 만국박람회에 온 관람객 수만 보아도 명백히 알 수 있듯이, 관객이 5,000만에 이를 정도로 대단했다.

만국박람회 사상 1위에 빛나는 1970년 오사카 만국박람회에 6,000만 명이 넘게 온 것과 비교해 보아도, 당시 파리라는 도시의 힘이 느껴진다. 파리 자체가 세계의 브랜드였다.

브랜드는 도시 신화와 떼려야 뗄 수 없는 관계를 갖는다. 달러가 통화 주축이 되면서 미국이 세계의 '제국'이 되기 전에 파리는 역사에 빛나는 특권적 도시로 세계의 재능을 끌어모았다.

세르게이 디아길레프(Sergey Diaghilev)가 이끄는 러시아 발레단이 센세이션을 일으킨 장소도 바로 파리다. 무대예술에서 유행까지 '메이드 인 파리'는 마술적인 힘을 발휘하며 사람들을 매료시켰다. 샤넬은 파리의 브랜드 힘을 가방으로 방출한 것이다. '유행, 그것은 나다' 처럼.

여기서 유행이라는 말은 최대한 넓은 의미로 이해해야 할 것이다. 샤넬은 세계의 문화 중심지인 파리에 군림하면서 파리에서 퍼져나가는 예술문화를 비호한 사람이기도 하기 때문이다. 그녀의 주위에는 뛰어난 재능을 가진 사람들이 둘러싸고 있었다. 디아길레프의 발레 공연 자금 지원을 한 사람도 샤넬이고, 독창적인 재능을 가진 시대의 총아였던 시인 장 콕토(Jean Cocteau)와 친하게 지내며 그가 사랑한 천재 소년 레몽 라디게(Raymond Radiguet)의 뒤를 봐 준 것도 샤넬이었다.

샤넬이 20세기 브랜드의 선구자였다는 사실은 각계의 재능 있는 사람들과 친교를 맺으며 산 인생에도 잘 표현되고 있다.

가령, 루이비통이 오로지 트렁크 상인이라는 메종 하나만을 고수하며 전통 브랜드를 지킨 전형이라면, 샤넬은 각 분야에 손을 뻗치며 그 이름을 표현한 디자이너 브랜드의 선구자였다.

실제로 오늘날 점차 성해지고 있는 유행과 예술의 협력인 '콜레보레이션'은 샤넬이 처음부터 시도한 스타일이다. 사실 이 스타일도 처음 시작한 사람은 폴 푸아레였으나 샤넬의 콜레보레이션은 상대가 대부분 시대의 꽃이였다. 예를 들어 오페레타 〈청춘열차〉도 그 전형의 하나다. 1922년에 개통한 런던과 리비에라 해안을 잇는 호화 리조트 열차 등장을 계기로 만들어진 오페레타식 춤은 연출-디아길레프, 대본-콕토, 무대의상-샤넬, 프로그램 디자인과 무대 그림은 피카소라는 초호화 구성이다. 멤버 전원이 시대의 총아였다.

파리라는 도시는 이처럼 재능을 하나로 끌어 모을 만한 힘이 있었다. 파리의 유행 첨단을 걷는 샤넬은 존재 자체로 세계의 유행을 이끌었다. 모리스 삭스의 회상록은 샤넬의 초상을 적절하게 묘사하고 있다.

샤넬의 영향력은 디자이너라는 영역을 훨씬 뛰어넘었다. 샤넬의 이름은 정계와 문학계에서 명사의 이름이 기억에 새겨지는 것과 같은 방식으로 사람들의 가슴에 새겨졌다. (……) 그녀의 보이는 힘과 보이지 않는 힘의 모든 캐릭터가 광채를 발산하는 것같았다. 파리 전체가 그녀를 따르는 듯이 보였다.
파리에 있는 모든 가정, 전 유럽, 전 미국에서 샤넬의 이름이 입에 올랐다. 그녀의 명성은 세계를 수놓았다.

샤넬은 세계의 '유행' 그 자체였다.
한 번 들으면 잘 잊히지 않는 그녀의 말은 샤넬 브랜드의 본질을 —그리고 그것을 통해 디자이너 브랜드의 본질을— 훌륭하게 표현하고 있다.

여러 차례 반복하지만, 샤넬 브랜드는 오로지 창립자 샤넬의 신화화에 의해 만들어졌기 때문이다. 전통도 가문도 재력도 없이 혈혈단신으로 '무에서 유를 창조'한 불세출의 실업가는 자신을 '살아 있는 전설'로 만들었다.

미디어로 하여금 말하게 한다

브랜드 전설을 만들어 내는 것은 미디어다.

만년의 샤넬은 자신의 전설에 대해 대단한 확신범이었다. 명성이 비즈니스이고 상징자본이라는 사실을 너무도 잘 알고 있었다. 루이비통이 스스로 가계(家系)를 자랑하고 에르메스가 크래프트맨십을 신화화한 것과 똑같이, 샤넬은 자신의 명성이 메종에 꿈의 아우라를 선사한다는 점을 충분히 깨닫고 있었다. 그리고 여기서도 샤넬은 신세기의 동향을 적절하게 이용했다. 명성을 지탱하는 원천이 더 이상 황실의 옥쇄도 귀족의 사교계 입소문도 아닌 미디어이기 때문이다. 대중의 세기는 매스미디어의 세기다. 미디어가 유명인을 창조해 낸다. 에르메스가 제품에 모나코 왕비가 된 여배우 그레이스 켈리(Grace Kelly)의 이름을 붙여

'켈리 백'이라는 이름을 붙인 것이 1956년의 일이다. 스타의 이름은 가방의 매출에 지대한 영향을 끼쳤다.

권위는 이제 황실이라는 기원을 떠나 미디어라는 익명 권력에 자리를 내주었다. 에르메스는 스타의 이름을 이용했으나 샤넬은 자기 자신을 스타로 만들었다. 샤넬은 1930년대 100만 부라는 파격적인 발행 부수를 자랑하며 창간된 〈마리 클레르〉의 저널리스트에게 이렇게 말한다.

"샤넬의 고객은 〈보그〉 또는 〈하퍼스 바자〉 같은 고급 유행잡지를 보겠죠. 그래서 그런 잡지가 우리를 선전해 주지요. 발행부수가 많은 인기 잡지라면 더더욱 좋지 않겠어요. 그런 잡지들이 우리의 전설을 만들어주기 때문에요. 고객은 우리에게 찾아올 때 마법의 장소를 넘어오는 기분이 들고 싶은 거예요. 통속적인 만족일지는 몰라도 그녀들은 그것이 기쁜 거예요. 자신들도 전설 속에 참가하는 특권을 가졌다는 기분 말이에요. 그녀들한테는 정장 한 벌을 주문하는 그 이상의 기쁨이 있기 때문이지요."
코코는 이렇게 끝을 맺는다.
"전설이란 명성이 영원한 것이 되는 거예요."

세계 유명 인사들이 정장을 만들어온 샤넬은 고객 누구나 자신이 최고의 유명 인사가 되고 미디어에 그 전설을 말하게 했다. 두말할 필요 없이 현대의 모든 명품 브랜드가 같은 전략을 사용하고 있다. 세계의 여성지들은 모두 샤넬의 기가 막힌 술책 안에서 움직이고 있다 해도 과언은 아니다.

보석상 카르티에가 로스차일드 남작 저택의 만찬회에서 '우리는 왕실 상인은 초대하지 않습니다' 라는 모욕적인 대우를 받은 사건은 이미 어제의 일이다. 샤넬과 함께 사태는 반전했다. 샤넬에게서 컬렉션 참가장을 받느냐 못 받느냐가 세계 유명 인사들의 절실한 관심사가 되었다.

플래티늄 카드를 손에 넣을 수 있는 사람은 마를레네 디트리히나 그레타 가르보급의 대여배우, 〈보그〉 및 〈하퍼스 바자〉 등 최고 레벨의 유행잡지 편집장들이다…….

지금은 익숙해진 패션계의 풍경이 샤넬과 함께 시작되었다.

미디어를 능수능란하게 다루었던 샤넬은 사진이라는 미디어도 빼놓지 않았다. 샤넬의 절정기라고도 할 수 있는 1930년대 그녀는 맨 레이(Man Ray)를 비롯한 세실 비통(Cecil Beaton), 호르스트 P. 호르스트(Horst P. Horst), 조지 호이닝겐 휘네(George Hoyningen-Huene) 등 당대의 사진가들을 동원해 자신의 초상사진을 찍었다.

19세기에 탄생한 사진이라는 미디어도 그 당시는 황금기를 누렸고 〈보그〉의 번영과 더불어 패션 사진이 전성기를 구가했다. 기업가인 샤넬은 첨단 미디어를 통솔하며 자신의 의지대로 다루었다. 50대를 넘었으면서도 30대처럼 보이게 한 그녀의 초상사진은 샤넬의 영원한 아이콘으로 유통되고 있다.

그중에서도 맨 레이의 작품은 '모든 것을 죽이는 천사' 샤넬의 정신을 훌륭하게 전해 주는 초상으로 지금도 세계 곳곳에서 볼 수 있다(177쪽).

각종 미디어가 전달한 샤넬의 전설은 셀 수 없지만 그중 유명한 일화 하나를 소개해 보기로 한다.

100년 더 빠르게 커리어우먼이었던 샤넬은 결국 일생 동안 결혼을 하지 않고 마드모아젤이라 불렸는데, 영국의 대귀족인 웨스트민스터 공작(Duke of Westminster)의 프러포즈는 그녀에게 결혼에 대해 고민하게 했다. 샤넬의 나이 벌써 40대였다. 샤넬은 고민 끝에 결혼을 포기했다. 당시 그녀의 말은 전설처럼 전해져 오고 있다. 샤넬은 다음과 같이 말했다고 한다.

"웨스트민스터 공작은 부인이 셋 있지만 코코 샤넬은 하나다."

역시 유행의 여왕이 했을 법한 이야기가 아닌가. 정말 말했는지 여부는 별개로 한다. 미디어로 하여금 말하게 했다는 사실이 중요하다.

맨 레이가 찍은 샤넬

'모든 것을 죽이는 천사' 인 샤넬의 정신을
훌륭하게 전해 주는 초상사진이다.
샤넬은 의도적으로 진품과 가짜 액세서리를
사용해 '진품주의' 를 우롱했다.

'현재'라는 희소성

귀족에서 유명 인사로 — 물론 20세기의 이러한 움직임에 몸을 실은 사람은 샤넬뿐만이 아니다. 루이비통의 '트렁크 명사록'을 보아도 역사적 사실이 전해진다.

트렁크 상인 루이비통이 첫 소프트 백(Soft bag)인 스티머 백(Steamer bag)을 팔기 시작한 것이 1901년의 일이다. 신상품과 함께 고객 리스트도 신세기에 맞는 유명 인사들로 변해 간다. 메리 픽퍼드(Mary Pickford)는 《바보의 사랑》의 주인공인 나오미의 모델이 되었다고도 전해지는 할리우드 스타이고, 폴 모랑은 외교관으로서 떠오르는 유명 작가였다.

더욱 재미있는 점은 오트쿠튀르 쿠튀리에 대부분이 루이비통의 고객 리스트에 이름을 올리고 있다는 사실이다. 맨 처음이 코코 샤넬이다. 그녀가 특별 주문한 '아르마'는 최근 '샤넬 특별주문'이라는 문구가 넣어져 리뉴얼되면서 히트 상품의 하나가 되었다.

샤넬을 필두로 겔랑, 푸아레, 랑방 등 당시 쟁쟁한 쿠튀리에들의 이름이 비통의 고객 리스트에 올라 있다.

반복이 되는데 디자이너가 고객에 필적하는 유명 인사가 되어 사회의 전면으로 등장한 것은 샤넬이 최초다. 샤넬 시대와 더불어 '기원의 아우라'는 왕후 귀족의 영예를 벗어나 시대의 화두가 된 미디어에 등장하는 '유명인'으로 옮아간다.

이 미디어의 시제는 언제나 '현재'다. 미디어의 소문은 전파성이 강해 어제의 일은 곧바로 잊게 만들고 신기한 것을 퍼뜨린다. 미디어와 관련 없는 것은 존재하지 않는다. 미디어는 유행과 자매관계다.

미디어를 이용한 샤넬은 물론 유행과 친구였다. 전통에 구애받지 않은 이 쿠튀리에는 유행의 힘을 믿었다. 유행은 기원도 없이 현재에 모습을 드러내고 순식간에 사라진다. 그 순간의 생명이 바로 유행의 혼이다. 거리의 패션을 일으킨 기업가 샤넬은 유행의 혼을 시간의 날개에 실어 빛나게 했다. 명성을 영원한 것으로 만든 브랜드는 동시에 '현재'를 팔아야만 한다.

— 한 벌의 드레스는 매력적인 순간 작품이고 불멸의 예술이 아니다. 유행은 죽어야만 하고 그것도 빨리 죽는 것이 장사에는 좋다.

—유행이란 허무하면 할수록 완전하다. 처음부터 없던 생명을 어떻게 지킬 수 있겠는가.

자신의 전설은 영원히. 하지만 상품은 현재의 것을. 이런 의미에서 샤넬 브랜드는 이중적이다. 루이비통과 에르메스 상품과는 달리, 샤넬은 상품이 곧 유행이기 때문에 당연할지 모른다. 또한 이런 말도 가능하지 않을까. 에르메스는 장인 생산이라는 소량 생산에 의해 희소성의 신화를 구축했지만 샤넬은 '시즌'이라는 한정성을 통해 희소성을 팔았다, 라고.

미디어를 이용해 명성을 영원한 것으로 만들고 상품은 시즌마다 바꾸어 희소성을 유지한다. 거리에서 생성된 이 디자인 브랜드는 하나(전통)만을 고집하지 않는다.

샤넬의 모방주의

캐럿이 아니라 환상이다

그리고 샤넬 브랜드의 이중 시스템을 돋보이게 하는 것은 이미테이션 보석이다. 루이비통과 에르메스 같은 전통 브랜드와 샤넬이라는 신흥 브랜드를 결정적으로 나누는 분기점으로 샤넬의 '모방주의'를 빼놓을 수 없다.

샤넬이 등장하기 전까지 세상에는 액세서리라는 물건이 존재하지 않았다. 존재한 것은 귀금속, 즉 '진짜' 보석뿐이었다. 당연히 보석을 몸에 치장하는 사람은 특권계급의 부자에 한정되었다. '모든 것을 죽이는 천사'는 이와 같은 빛나는 보석을 버렸다. "목에 수표 다발을 두른다는 건 멋진 일이 아니야."

샤넬은 보석을 우롱하기 위해 마술 같은 기법을 사용했다. 이미테이션 주얼리를 만들어내 몸에 가짜와 진짜 귀금속을 혼용해서 치장했다. 덕분에 진짜 귀금속은 시대에 뒤떨어지게 되었고 부유한 귀부인들이 일부러 샤넬의 가짜 귀금속을 사러 왔다. 이후 이미테이션 주얼리도 당당히 샤넬의 브랜드를 달게 되었다.

샤넬의 이 발명은 당시까지의 브랜드 조건을 근본부터 뒤집어버리는 파괴력을 발휘했다. 루이비통과 에르메스가 아직까지도 카피 상품 정리에 막대한 비용을 들이고 있다는 사실은 이미 설명한 바 있다. 하지만 샤넬은 카피를 인정했을 뿐만 아니라 적극적으로 이미테이션을 만들어냈다. '중요한 것은 캐럿이 아니라 환상이다.' 이것이 샤넬의 콘셉트다.

샤넬이 버린 것은 '돈'을 위한 보석이다. 그것들이 상징하는 가치는 환상의 매혹이 아니라 지위와 신분이다. 그것도 대부분은 남편과 애인의 것들이다. 샤넬은 그러한 '진품'들을 폐기하려고 했다. 샤넬은 앞에서 인용한 TV 인터뷰에서 그것들과 단절을 꾀했다.

"이미테이션 주얼리를 만들었네요"라는 사회자의 말을 받아 샤넬은 이렇게 대답했다. "내가 이미테이션을 만든 것은 보석을 폐기하기 위해서입니다."

폐기란 핵병기에나 쓰는 강력한 단어다. 명품 브랜드의 창시자인 샤넬은 그 정도로 '진짜 보석'을 혐오했다. 베블런이 말하는 '금전적 능력의 증표'가 되는 '현시적 소비'야말로 샤넬의 혐오 대상이었다.

내가 싫어하는 것은 귀금속을 위한 귀금속이죠. 몇 캐럿이나 되는 다이아몬드와 커다란 다이아몬드는 남편과 애인의 부를 과시하는 증거품이에요. 나는 보석을 위한 보석도 싫어요. 다이아 브로치 또는 복잡한 사연이 있는 진주 목걸이가 그래요. 그런 보석은 하룻밤 다른 사람에게 보이기 위해 보석상한테 사서 만찬회가 끝나면 다시 상자 속으로 들어가죠. 대개 어느 회사의 것이기도 하구요. 그런 보석들은 모두 '여차하면 돈으로 바뀌는' 보석이에요. 나는 그런 걸 싫어해요.

-《코코 샤넬의 비밀》

샤넬의 이 '모방주의'에 대해 비통이나 에르메스는 물론 원조 '진품주의'다. 후자에게는 진품에서만 가치가 발생한다. 그러나 샤넬은 이 '진품'을 빛나게 하는 것은 모조품이라는 사실을 알고 있었다.

모조품은 진품을 우롱하면서 또한 진품을 가치 있게 한다. 진품만 존재한다는 것은 거울을 갖고 있지 않는 미인과 같다. 모조품이라는 거울에 비쳐질 때 비로소 진품은 베일을 가린 보물이된다.

금으로 찬란한 보석을 폐기한, '모든 것을 죽이는 천사'는 세계에 이미테이션 주얼리를 유행시켰고 진품 보석을 시대에 뒤떨어진 것으로 만들었다. 그리고 그것을 통해 '진품주의' 라는 브랜드 콘셉트 자체에 쇄신을 일으켰다.

이름과 가치

그런데 그 이미테이션 주얼리는 대체 얼마에 팔렸을까?

구체적인 가격은 지나치게 세세한 내용일 수 있다. 예를 들어 이름난 상아 팔찌. 그 상아의 재료비가 얼마이고 거기에 장식된 크리스털 가짜 에메랄드가 얼마인가 등의 실비는 모른다. 하지만 분명한 점은 샤넬의 이미테이션 주얼리가 터무니없이 고가였다는 사실이다. 물론 지금도 그 사실은 변하지 않고 있다.

가령 그것이 유리로 만들어졌다고 해도 결코 '싸구려' 가 아니다. 왜냐하면 '가짜' 보석은 '진품' 샤넬 제품이기 때문이다.

실제로 샤넬은 이미테이션 주얼리에 높은 가격을 책정했다. 그렇지 않으면 그것은 단순히 싸구려 물건이 되기 때문이다. 진품 샤넬은 반드시 명품 가격이 붙는다. 샤넬이라는 전설의 여인 '이름값' 이다.

이 책의 문제 설정에 따라 이 현상을 다음과 같이 바꾸어도 좋을 것이다. 샤넬은 그 브랜드의 기원을 다른 무엇에도 구애받지 않았다. 샤넬에는 전통도, 권위의 옥쇄도, 장인 생산의 신화도 없었다. 따라서 샤넬에 이르러 가치의 원천은 오로지 샤넬의 이름값에서 유래하게 되었다.

그렇게 카피를 긍정하면서 샤넬은 '진품' 브랜드의 가치를 확실히 지켰다. 여기서도 샤넬 브랜드는 이중성을 바탕으로 한다. 다시 한 번 샤넬의 말을 들어보자.

처음에 훌륭한 것이 있으면 그것에서 출발해서 단순하고, 실용적이고, 싼 것으로 내려가게 한다. 멋지게 잘 만들어진 한 벌의 옷이 있다면 여기서 기성복이 만들어진다. 그렇지만 그 반대는 불가능하다. 이것이 바로 거리로 내려가면서 유행이 자연사하는 이유다.

싸구려는 비싼 물건에서만 태어날 수 있다. 저렴한 가격의 제품이 만들어지기 위해서는 일단 처음에 고급 제품이 있어야만 한다. 질을 충족하고 양이 만들어지지는 않는다. 둘은 본질이 다르다. 이 점만 이해하고 느낄 수 있으며 인정할 수 있다면 파리는 안전하다.

여기에서 파리는 미국에 대한 파리도 되지만 캉봉 거리에 있는 샤넬 점포이기도 하다. 샤넬은 자신의 점포에서 만들어지는 오트쿠튀르에 절대적 자신감이 있었다. 때로는 스무 번에 이르는 시침질을 하는 수제 정장은 실로 호화품이라 할 만하다. 그래서 샤넬은 아무리 복제품이 나돌아도 걱정하지 않았다.

아니 그 이상이라 해도 틀린 말이 아니다. 카피의 범람은 오리지널을 값어치 있게 한다. 싼것과 모조품이 통용될수록 진품 샤넬은 명품 고가품이 된다. 루이비통에서 오트쿠튀르까지 '진품주의' 이외에는 생각할 수 없었던 시절 이 콘셉트를 이해한 브랜드는 하나, 샤넬밖에 없었다. 샤넬은 오트쿠튀르협회 속에서도 계속 고립되며 다시 컴백하던 1958년에는 결국 협회를 탈퇴한다. 이 기업가는 다른 사람보다 반세기 앞서 있었다.

기모노에는 왜 브랜드가 없을까

약간은 지나친 표현일지 모르겠지만, 샤넬에서 극대화되는 현대 명품 브랜드의 콘셉트는 기모노에는 왜 브랜드가 존재하지 않는지를 가르쳐준다.

샤넬은 샤넬이기 때문에 가치가 있다. 단순히 핸드백이라도 거기에 샤넬의 이름이 붙으면 곧바로 가격이 치솟는다. 이 현상을 지탱하는 것은 '디자이너 시스템'이다. 가치를 창출하는 요소는 디자이너의 이름(그리프)이고 제품의 품질이 아니다. 물론 품질은 필요조건이지만 충분조건은 아니다.

일본의 기모노에는 오랜 장인 생산 전통이 있다. 명주와 비단은 모조품이 많이 나도는 고급품이고 대량 생산을 하지 않는 희소성도 에르메스와 마찬가지다. 그럼에도 기모노에는 브랜드가 없다. 왜일까? 기모노에는 디자이너 시스템이 없었기 때문이다.

비단과 명주의 경우 제품의 질과 종류별 명칭도 디자이너 개개인의 이름이 아니다. 그렇기 때문에 명품 고급이면서도 브랜드 상품이 아니다.

결국 브랜드는 이름의 가치 체계다. 가치는 이름에서 나온다. 샤넬이 디자인한 이미테이션 주얼리는 귀금속이 아니면서 고가의 가격이 붙는다. 왜 그럴까? 그것은 바로 샤넬이기 때문이다.

앞에서 인용한 사카이야 다이치의 브랜드론《브랜드 대번성》은 이 네임밸류 현상에 대해 권총과 칼을 비교 예로 들며 다음과 같이 설명하고 있다.

포드가 자동차 부문에서 성립시킨 컨베이어시스템을 권총 생산 부문에 적용해서 성공시킨 것이 미국의 권총제작 업자인 새뮤얼 콜트(Samuel Colt)였다. 대량 생산되는 규격품이기 때문에 당연히 제품에는 제작자 이름이 없다. 그러나 일본의 칼에는 제작자 이름이 붙은 제품이 있다.

서부영화에는 권총의 명수가 여럿 나오지만 '명권총'은 안 나온다. 칼은 장인이 하나씩 만들기 때문에 도라데쓰 또는 마사무네처럼 제작자의 이름이 붙은 명검이 있다. 서양에도 명검과 비검에 관련된 설화가 적지 않다.

그런데 서부영화에 명권총은 나오지 않는다. 규격품의 대량 생산으로 생산 공정에 많은 사람이 개입해 똑같은 제품을 만들기 때문에 내세울 명품이 없었기 때문이다.

우리의 문제의식에 맞추어 보면 도라데쓰(虎徹)와 마사무네(正宗)는 명검 브랜드다. 제작자의 이름이 그 가치를 만들기 때문이다. 크래프트맨십에 의한 고품질은 브랜드의 필요조건 중 하나이기는 하지만 충분조건은 고유 이름이다.

단, 그 고유 이름은 인명이 아닐 수도 있다. 대개의 경우 '지명'의 경우가 많다. 예를 들어, 니시진(西陣) 명주 또는 오시마(大島) 비단은 '니시진'과 '오시마'라는 산지명이 제품의 가치를 형성하고 있다. 이런 의미에서 보면 산지라는 고유 이름도 넓은 의미의 브랜드라고 할 수 있겠다.

알기 쉬운 예가 와인이다. '보르도(Bordeaux)'와 '부르고뉴 (Bourgogne)'는 와인의 산지명이지만 와인의 고품질을 나타내는 지표로 사용되고 있다. 이 또한 넓은 의미에서 브랜드라 해도 좋을 것이다. 일본이라면 '세키(關)'의 칼, 독일이라면 '졸링겐 (Solingen)'의 칼 등도 같은 맥락이다.

이러한 산지명도 역시 모조품을 창출한다. '진품 오시마'라고 칭하며 가짜 물품을 파는 경우는 얼마든지 계속되고 있다. 인명이건 산지명이건 가짜가 나도는 제품은 브랜드를 증명하는 근거가 될까? 실로 모조품은 진품을 가치 있게 만든다.

유명 인사와 브랜드

어느 경우든 고품질이라는 필요조건을 기본으로 '이름'은 그 상품에 마술의 가치를 부여한다. 샤넬, 보르도, 페라리, 티파니, 롤렉스 등 생각나는 대로 떠올려봐도 우리가 사는 도시에는 명품 이름들이 홍수를 이룬다.

과연 그들 이름의 가치에 의해 만들어지는 기원은 대체 어디로 간 것일까. 루이비통과 에르메스에 가치를 부여한 기원의 권위 아우라는?

일찍이 사치는 성스러운 것, 주술적인 것과 연결되었다. 하늘에 바치는 것은 고급품으로, 있는지 없는지를 불문하고 최고를 선택해야 했다.

눈에는 보이지 않는 하늘의 아우라는 세기의 변화와 더불어 세속화의 길을 걸어 드디어 '유명성'이라는 브랜드 지평으로 떨어졌다.

유명 인사, 셀레브리티.

오늘날 권위는 그 이름에 스며들어 있다. 그렇다. 권위는 이제 미디어라는 익명 권력으로 옮아갔다. 얼굴을 볼 수 없는 대중이 만들어낸다. 형태도 없고 거대한 미디어의 힘.

그 미디어가 말하지 않으면 어떠한 명성도 존재할 수 없다. 브랜드 가치는 매스컴에서 인터넷 소문까지 미디어가 이야기하는 전설에 의존한다.

그리고 미디어의 시제는 유행의 시제와 항상 똑같은 '현재'다. 끊임없이 불멸의 명성을 현재의 소음 속에서 울부짖게 만드는 일— 샤넬이 죽은 뒤 디렉터로서 메종을 나눈 카를 라거펠트의 재능은 마치 영원과 현재의 외줄타기다. 모든 브랜드는 생존을 위해 이름의 전설을 퍼뜨린다.

이렇게 우리는 다시 한 번 '브랜드의 현재'와 마주하게 된다.

그러나 그 이전에 또 하나 짚고 넘어갈 것이 있다.

자신이 입고 싶은 옷을 하나의 스타일에 맞추어 명품 브랜드를 창조해 낸 샤넬은 거의 최초의 여성 디자이너이기도 했다.

엄밀하게 말하면 그녀가 최초는 아닐지라도 최고의 브랜드로 범위를 좁히면 틀림없는 사실이다. 샤넬은 여성을 위한 여성 브랜드를 만든 여성이다. 샤넬을 지지하고 샤넬을 산 소비자는 모두 여성이다. 여성이라는 사실과 브랜드는 관계가 있을까?

명품 브랜드에는 젠더의 경계선이 그어져 있을까?

단적으로 이렇게 묻는 것이 좋을 것이다. 원래 브랜드는 여자의 것이었을까? 만약 그렇다면 대체 언제부터 그렇게 되었을까? 이렇게 해서 우리는 다시 한 번 역사에 초점을 맞추어볼 필요가 있다.

IV

브랜드는 여자의 전유물인가

: 사치문명에 부쳐

사치는 남자의 전유물이었다

공적인 몸

여성지를 보아도 알 수 있듯이, 여성들은 브랜드를 좋아한다. 백화점에서 여자의 쇼핑을 기다리는 남자의 모습은 브랜드 쇼핑 광경에도 그대로 재현된다. 최근 젊은 연인들은 사이좋게 쇼핑을 하는 경우도 적지 않지만, 그런 중에도 눈에 띄는 장면은 상대 여성을 향한 '선물' 쇼핑이다. 카르티에와 티파니에서 자주 보이는 모습이다.

물론 우월성을 과시하기 위한 브랜드 쇼핑이라면 시계와 자동차를 시작으로 해서 자주 가는 레스토랑과 호텔, 클럽 등 남성의 '최고' 지향도 넓은 의미의 브랜드 소비가 되겠지만, 옷과 가방, 주얼리까지 치장과 관련된 명품 브랜드 소비는 압도적으로 여성이 대다수를 차지한다. 브랜드는 여성의 전유물이라는 생각은 상식이라 해도 지나치지 않는다.

그러나 여기서도 역사는 현대의 '상식'을 뒤집는다. 명품 소비가 여성의 영역이 된 것은 겨우 19세기 이후의 일에 지나지 않는다. 낭비가 '금전적 능력의 증표'가 된 것은 부르주아들의 시대이고 귀족 시대에는 사치는 남성의 영역이었다.

아니 역사를 더 거슬러 올라가 생각해 보면, 미개 부족사회에서도 땅에서 나오는 최고의 산물을 신들에게 바치는 부족장은 대부분 남성이었다. 사치스러운 낭비는 족장의 책무이기도 했다.

그리고 이 책무는 왕족에게 이어져 내려갔다. 그 정점에 이른 시기가 17세기 프랑스 절대왕정이다. 오늘날 베르사유라고 하면 곧바로 떠오르는 것이 마리 앙투아네트의 사치스러운 모습이지만 궁정사회의 영화를 최고로 누린 사람은 그녀 이전에 루이 14세였다.

베르사유에 군림한 루이 14세는 궁정에 있는 어떤 귀부인보다도 사치스럽고 '대소비자'였다. 특히 의상은 최고조에 달했다. 왕의 의상은 신분을 나타내는 '의관'이기 때문에 다른 사람들을 누르는 사치는 왕의 위신에 관계된 필요사항이기도 했다.

구체적으로 루이 14세의 소비가 어느 정도였는지 좀바르트의 《사랑과 사치와 자본주의》가 기록하고 있다.

1685년이라는 임의의 궁정 세출 기록을 보면 사냥과 신화를 위한 비용과 함께 '은기(銀器)비'가 유난히 높게 나와 있다. 이 은기란 주로 '왕의 화장품, 장식품 같은 것'을 말한다. 루이 왕은 대단히 멋을 부렸고 이를 위해 막대한 비용을 지출했다. 가령, 하이힐이 그렇다.

각선미를 자랑하는 발레를 잘했던 루이 왕은 전 신하에게 빨간 힐을 신기고 자신은 가장 높은 힐을 신었다. 각선미와 더불어 찰랑이는 머리를 뽐냈던 왕은 만년에는 가발을 만들었고 전 신하에게 가발 쓸 것을 강요했다. 이러한 사치는 모두 법 외적인 낭비였다. 베르사유 궁정의 나날을 돌이켜볼 때, 사치와 멋이 여성의 전유물이라는 관념이 얼마나 근대 부르주아들의 사고에 지나지 않는지 알 수 있다.

좀바르트는 또한 이렇게 말한다.

왕의 궁정 가구 조명도에 맞추어 보란듯이 입는 의상의 현란함도 대단했다. (……) 루이 14세는 스스로 1,400만 프랑의 보석이 치장된 의상을 입었다.

얼마나 사치가 남성의 것이고 보석이나 화장품 그리고 힐까지도 신분 높은 사람들이 애용하는 치장수단이었나! 여기서 중요한 점은 이러한 젠더의 구별과 함께 이 사치가

'공적인' 것이었다는 사실이다.

베르사유 궁정사회는 극장사회다. 모든 신사 숙녀는 자신의 의상과 장신구가 다른 사람들의 눈에 어떻게 보일지를 알았다. 몸 자체가 사적인 것이 아니라 공적인 것이었다. '국가 그것은 짐이다!' 루이 14세의 이 말은 보석에서 가발 형태 그리고 힐까지 자신의 존재가 구석구석까지 정치적이라는 인식을 웅변해 주고 있다. 궁정에 있는 누구의 몸이든 모두 공적인 몸이었다. 베르사유 무도회에서 춤을 추지 않으려는 귀부인을 타이르는 국왕이 "부인, 춤을 추시오! 우리는 모두 공적인 사람들이니까!"라고 한 일화는 유명하다.

신사의 여행은 명품

세기가 지나면서 궁정사회의 관습은 드디어 성문을 넘어 도시로 퍼져나갔다. 사치스러운 몸 치장은 왕후 귀족뿐 아니라 승려, 고관 그리고 대자본가들에게까지 확대되었다. 그래도 19세기까지 사치는 여전히 남성의 전유물이었다. 지위를 나타내고 우월성을 과시하는 기능이 우선이었다.

이러한 '사치의 풍경'이 변화를 보이기 시작한 것은 19시기

말 귀족의 황혼 시대부터다.

신사들을 대신해 귀부인이 사치스러운 멋을 부리기 시작했다. 점차 사치가 여성의 영역으로 옮아갔다. 그리고 지금의 세기로 넘어오게 되었는데, 브랜드는 여성의 것이라는 생각이 절대적이 아니라는 사실을 재차 확인하기 위해 베르사유의 '사치의 풍경'을 살펴보자.

1912년 벨에포크가 한창이던 시절, 샤넬이 캉봉 거리에 메종을 연 때다. '아직 제2제정기와 다르지 않은' 사치에 빠져 있던 유한계급은 오트쿠튀르 드레스를 입고 에르메스의 고급 마구가 어울리는 뚜껑 없는 마차에 올라 보란듯이 불로뉴 숲을 향하는 일들이 유행했다. 마차와 더불어 청년 귀족들이 고급 자동차에 눈을 돌리기 시작하던 무렵에 르노가 파리-빈 간의 자동차 레이스에서 우승한 해가 1902년이다. 다음 해에는 프랑스에서 자동차경주가 시작된다. 스포츠가 상류층의 유행이 되었다.

스포츠와 함께 고급 리조트 또한 시대의 트렌드였다. 휴양지 베네치아를 배경으로 한 토마스 만의 소설 《베네치아에서의 죽음(Der Tod in Venedig)》이 나온 것은 벨에포크의 1912년 즉, 샤넬이 개업한 해다.

주인공인 대학교수 구스타프 아센바하는 커다란 트렁크에 짐을 챙겨 베네치아로 향한다.

원작에는 단지 트렁크라고만 나와 있는데 그대로 방으로 가
져가 워드로브처럼 사용한 장면을 보면, 아마도 루이비통의 트
렁크였을 가능성이 높다. 아니나다를까 루키노 비스콘티(Luchino
Visconti)에 의해 영화화된 《베네치아에서의 죽음(Tod in Venedig)》
(1971)에서는 루이비통이 나온다.

역시 루이비통은 신사를 위한 호화로운 여행에 필수적인 브
랜드였다.

사치가 신사의 전유물이었다는 사실은 루이비통의 트렁크 역
사가 명백히 보여주고 있다.

1889년 만국박람회에서 워드로브가 금메달을 딴 사실은 이
미 보았지만 루이비통은 똑같은 콘셉트로 '이데알'이라는 신사
용 트렁크를 발매하고 있다(201쪽).

트렁크의 수납 능력은 대단하다. 1장에서 소개한 최신판 《루
이비통》에서 인용해 보자.

멋진 신사를 위해 루이비통은 '이데알'이라는 이름의 내부가 나
눠진 트렁크를 만들었다. 이것은 정장 다섯 벌, 코트 한 벌, 셔츠
열여덟 장 그리고 속옷, 구두 네 켤레, 모자 하나, 지팡이 세 개
와 우산 하나를 깔끔하게 수납할 수 있게 만들어졌다.

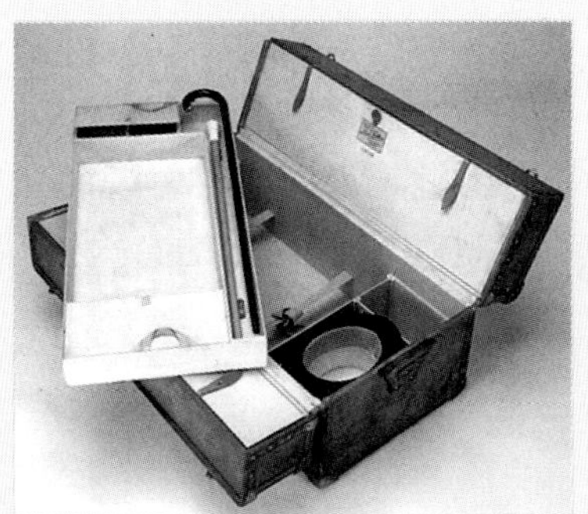

신사의 기호품 일체를 수납할 수 있는 루이비통의 명품
트렁크 '이데알'

역시 루이비통은
신사를 위한 호화로운 여행에
필수적인 브랜드였다.
사치가 신사의 전유물이었다는 사실은
루이비통의 트렁크 역사가
명백히 보여주고 있다.

이 수납력도 그렇지만 더욱 놀랄 만한 일은 오히려 당시의 '멋진 신사' 들의 여행에 이 정도의 휴대품이 필요했다는 사실이다. 신사는 리조트 호텔에서의 만찬에서, 바닷가에서 이 정도의 사치스러운 치장이 필요했다.

사치는 당당하게 남성의 영역에 존재하고 있었다.

2 사치가 여성 전유물 시대로

사적인 영역

20세기 초엽 이미 여성의 치장은 신사 이상으로 사치스러워졌다.

《베네치아에서의 죽음》에서 실바나 망가노가 연기하는 귀부인의 드레스를 보아도 이 점은 명백해지는데, 해변가 파라솔 아래에서 긴 장갑을 끼고 요란한 장식이 달린 모자를 쓴 귀부인의 모습은 전형적인 양가댁 규수의 자태다.

부르주아 시대의 도래와 더불어 사치는 점차 여성의 영역으로 이동해 간다.

베블런에 따르면, 여성의 사치스러운 치장은 반려자인 남성 부(富)의 '대행적 소비' 역할을 담당하고 있다. 아내는 고급스럽게 몸을 치장하는 것이 아니었다. 그녀 자신의 존재가 가정의 '장식품'이었다.

여기서 중요한 점은 이러한 '사치의 여성화'가 '여성의 가정화’와 함께 일어났다는 사실이다. 여자의 본분은 가정에 있다는 관념이 생겨나고 성 역할 분담이 나타났다.

‘사치의 여성화’는 이 역할 분담과 같이 탄생한다. 생산은 남성, 소비는 여성의 영역이 되어 젠더의 경계선이 그어졌다. 지금의 사치는 가정 속으로 파고 들어가 귀족 문화 시대의 공적인 화려함을 상실했다.

부르주아 시대와 더불어 사치는 개인적인 영역 안에 있는 것 즉, 실내적인 것으로 변했다. 부르주아 시대는 ‘실내의 시대’이기도 하다. 여성은 자신을 치장하는 일에 열심인 동시에 실내장식에도 똑같은 관심을 기울였다. 패션 잡지와 인테리어 잡지가 여성지의 범주에 들어가는 것도 여기에 기원을 둔다. 이렇게 ‘사치의 여성화’는 사치의 사생활화와 실내화로 진행한다. 좀바르트는 이 추이를 가리켜 ‘여성이 사치를 가정으로 끌고 들어갔다’고 말하고 있다.

이와 같은 사치의 사생활화와 더불어 중요한 두 번째 포인트는 사치의 ‘물질화’다. ‘물질화’란 역시 좀바르트의 표현을 빌리면 귀족적인 사치가 공적인 성격을 띠고 수행원과 하인들, 즉 ‘사람’을 부리는 사치가 많은 반면 여성의 욕망은 의상과 장신구 그리고 가구 등 오로지 ‘물건’ 소비에 치중하는 점을 지적한다. 당연한 얘기가 되겠지만, 인간과 노동력을 부리는 것이 아니라

‘물질’ 을 소비하는 것이 현대 사치의 최대 특성 중 하나다. ‘물질의 소비’ 가 드디어 여성의 영역이 되었다.

이러한 현상을 간결하게 표현하자면 근대화화 더불어 여성은 ‘소비자’ 가 되었다는 뜻이 된다.

백화점이라는 ‘소비의 낙원’

근대에 태어난 여성의 소비 장소로는 제일 먼저 백화점이 떠오른다.

기성복은 신사들을 위한 것이 많았다고 해도, 입는 것을 필두로 침구와 휴지에 이르기까지 집 안을 장식하는 ‘직물’ 은 백화점의 주력상품이고 수건과 스카프 등 멋을 내는 품목 또한 욕망을 자극하는 기획상품으로 당연히 고객은 남성이 아닌 여성이다(206쪽).

에밀 졸라의 소설 《보뇌르 데 담 백화점(Au Bonheur des Dames)》(1883)은 타이틀부터 말하고 있다. 소설의 무대가 되는 백화점 이름이 바로 보뇌르 데 담 즉, ‘부인들의 행복’ 이다. 졸라의 신화적 묘사는 붐비는 여성 고객들이 내뿜는 욕망의 열기로 불타는 실내 광경을 마치 살아 있는 생물체처럼 그려내고 있다.

근대에 여성의 소비장소로 태어난 백화점의 당시 풍경

집 안을 장식하는 온갖 '직물'은
백화점의 주력상품이었고,
수건과 스카프 등 멋을 내는 품목 또한
욕망을 자극하는 기획상품으로
당연히 그 고객은 남성이 아닌 여성이었다

여기에서는 수건과 넥타이 궁전, 리본과 레이스 다발, 울, 산처럼 쌓인 캘리코(옥양목) 더미, 가벼운 면직물과 밝은 색상 화환 등의 진열이 모두 불타고 있다.

방패처럼 둥근 파라솔을 두른 전시는 금속 빛을 반사하고 있다. 먼 곳에 있는 사람들에게 다가가는 그림자 너머로 아련히 빛나는 매장이 있고 황금빛 석양을 뒤집어쓴 무리들이 꿈틀거리고 있다.

그리고 폐점 시간 전 뜨거워진 공기 속에 여성들이 군림하고 있다. 그녀들은 백화점을 습격해 침입한 부족이 정복지에서 그랬던 것처럼 야영을 하고 흩어진 상품 속에 자리 잡고 있다.

여성은 이 소비의 낙원에서 '여왕'이고, 백화점은 소비의 '신전'이다. 신전이 '세속화'하고 눈도 아름다운 상품의 춤에 현혹되어 여성의 욕망을 들끓게 한다.

교묘한 진열에서 광고 전략, 나아가 바겐세일 유혹까지 졸라가 그려낸 소비의 세계는 여전히 살아 움직이고 있다고 해도 좋을 것이다.

‘여성은 가정으로’라는 성 역할 분담과 더불어 실내 영역에 갇힌 여성들은 소비의 순간만큼은 자기가 여왕이 된 착각에 빠지고, 백화점 산업은 여성들의 욕망을 자극해 비약적인 발전을 거듭한다.

주부에서 창부까지

근대의 성 역할 분담은 남성과 여성을 나누는 동시에 여성들 사이에서도 ‘여염집 여자’와 ‘창부(娼婦)’라는 경계선이 만들어졌다. 남자가 가정 안에 여자를 가두려는 성의 이중 잣대를 말한다. 백화점 산업이 발달했던 제2제정기의 파리는 창부들이 늘어난 시기로도 유명하다. 예를 들어, 오펜바흐의 대표적인 오페라 중 하나인 〈파리의 생활〉(1866)은 ‘창부가 있는 파리’를 재미있게 묘사한 작품이다.

창부들도 푼돈을 버는 거리의 창부에서 왕후 귀족에게 둘러싸인 다양한 계층이 있는데, 그 가운데서도 파리 명물 중 하나라고 할 수 있는 것이 ‘드미 몽드(demi-monde)’라 불리는 고급 창부다. 가장 잘 알려진 예가 오페라 〈춘희(La Dame aux camélias)〉(1848)다. 운명의 연인을 만나기 이전 화려한 생활을 보내던 춘희 마르

그리트(Margueritte)는 '물처럼' 돈을 쓴다. 남자가 보내오는 지폐 다발도 휴지처럼 쓰며 호화로운 연회의 나날을 보냈다. 이렇게 남자의 재산을 탕진하는 일이 이들 고급 창부들의 훈장이었다.

졸라의 《나나(Nana)》(1880) 역시 창부의 한 예다.

낭비에 젖은 나나는 정치가에서 은행가까지 여러 사람의 재산을 물 쓰듯 하며 허세를 부린다. 그녀의 사치는 남자에게 받는 보석은 물론 호화 저택까지 있었다. 어느 은행가에게서 받은 교외의 저택은 1만 평에 이르고 딸기밭까지 딸린, 그야말로 천상의 전원생활을 그녀에게 안겨준다. 그런 반면, 다른 백작에게 받은 저택은 당시 일등지였던 몬소 공원(Au Parc Monceau) 외지에 지은 호화 저택이었다. 저택을 장식하는 가구는 당시 가장 멋진 긴 의자에서 호사로운 식기 선반, 은기, 여러 가지 고가의 장식과 깔개, 벽걸이, 화병 등 모든 것이 최고의 사치품이었고, 창녀의 신전이라고도 할 수 있는 침대에는 '2만 프랑이나 하는 베네치아 레이스'가 달려 있었다. 2만 프랑을 오늘날 가치로 환산하면 어림잡아도 2,000만 엔에 이르는 엄청난 사치였다.

발자크의 창부소설 《창부의 영광과 비참(Splendeurs et misères des courtisanes)》(1847) 또한 이러한 고급 창부들의 특별한 사치를 그리고 있다.

미모의 창부 에스테르(Esther)를 보호하는 은행가 뉘생장

(Nucingen)은 모델이 로스차일드 남작이다보니 재산을 탕진하는 모습도 실로 어마어마해서 에스테르의 화장품 값만으로 한 달에 1만 프랑(1,000만 엔)을 쓰고, 화려한 가구 구성에 맞추어 저택에 장식하는 꽃값 또한 엄청났다. 계단을 장식하는 장미만 해도 월 3,000프랑(300만 엔)에 이르렀다. 그리고 파티 때 남작에게 받은 목걸이는 3만 프랑(3,000만 엔)…….

발자크와 졸라가 묘사하는 고급 창부들의 세계는 낭비라는 느낌을 뛰어넘고 있는데, 창립기 오트쿠튀르의 고객이 된 사람은 이들 고급 창부들이었다. 창부와 귀부인은 때로는 같은 메종에서 드레스를 맞추고 그 아름다움을 경쟁했다.

그녀들의 사치스러운 모습은 '가정'이라는 실내 영역을 훨씬 초월한 문화사의 한 장을 장식하고 있지만, 그와는 대조적으로 오늘날에도 이어지는 여자의 소비를 그리고 있는 작품이 플로베르의 《보바리 부인(Madame Bovary)》(1857)이다.

파리에서 멀리 떨어진 루앙(Rouen)이라는 외지로 시집을 온 에마 보바리는 무료한 시골 생활에 실증을 느끼고 꽃의 도시 파리를 동경한다. 지방에 사는 여성들에게 파리는 꿈의 브랜드 도시였다. 에마가 즐겨 읽는 유행 잡지는 더더욱 파리로 향한 그녀의 동경을 불러일으켰다. 소설이라는 미디어도 잡지라는 미디어도 모두 파리라는 브랜드를 향한 꿈을 키웠다. 매일 밤 잡지와

소설을 읽으며 빠져드는 보바리는 '최신 유행에서 일류 양장점, 불로뉴의 숲과 오페라하우스의 사교일까지' 챙기며 어울리지 않는 꿈을 꾼다.

재미없는 가정의 '바깥 세상'을 그리는 그녀의 조바심은 사랑의 도구인 의상에 눈길을 돌리게 한다. 백화점이 없던 당시 지방도시에도 신용 방문판매가 있어서 솜씨 좋은 화술로 유행을 따르는 여성들의 소비 욕망을 부추겼다. 에마는 마음의 허전함을 메우기 위해 한 벌 또 한 벌 드레스를 신용 구입하기 시작한다. 그리고 지불 기한에 쫓기게 된 에마는 결국 독약을 먹는다……. 현대식으로 말하면 《보바리 부인》은 카드 연체에 의한 파산 또는 쇼핑 의존증 환자 이야기다.

에마의 마음 속에 자리 잡은 욕망의 뿌리는 오늘날 여성들의 가슴에도 똑같이 자리하고 있을 것이다. 적당한 표현일지는 모르겠지만, 소비 욕망은 문화적 유전자가 되어 여자의 마음 속에 뿌리를 내리고 시대를 뛰어넘어 생존한다고 볼 수 있다.

여성이 만드는 브랜드

어떠한 경우든지 간에 명품 브랜드는 여성들을 대상으로 발전해 왔다.

사치의 역사를 되돌아보면, 에르메스와 루이비통이 취한 전략이 새삼 부각된다. 마구가 아닌 가죽 제품을 주력 상품으로 한 에르메스의 탄생은 1920년대다. 남성 고객에서 여성 고객으로 판매 대상을 변경한 전략은 시대를 읽는 에밀의 뛰어난 장사술이다. 마구와 더불어 없어진 것은 남성 고객의 존재 자체이기 때문이다.

에르메스는 여성 전용으로 바꾸는 전략으로 오늘날 번영의 기초를 쌓았다. 1930년대부터 취급하기 시작한 스카프와 향수도 같은 의미에서 에르메스의 성공에 일조했다.

루이비통 역시 이러한 동향에 영리하게 대응했다. 루이비통은 샤넬과 에르메스 둘에 비교해서 상품의 여성화는 가장 느렸지만 1900년대에 이미 오늘날 소프트 백의 선구자가 되는 스티머 백을 개발했다. 이것의 매출 동향을 보며 1950년대 이후에는 연이어 소프트 백 개발에 힘을 쏟아 붙는다.

《베네치아에서의 죽음》의 주인공이 짐꾼에게 커다란 하드 트렁크를 운반케 하는 광경은 점차 암갈색으로 번지고 그 모노그램 모양의 시티 백(City bag)이 루이비통의 주력 상품으로 되는 과정은 여성들이 브랜드 소비자가 되는 과정과 겹쳐진다.

이렇게 보면, '사치의 여성화' 역사는 아직 100년도 채 안 된다. 영원한 진실이 될지 모를 '여성과 브랜드'의 밀월여행은 의외로 역사가 짧다.

이 밀월여행은 대체 언제까지 계속될 것인가? 브랜드 소비의 주체가 남성으로 바뀌지 않고 '브랜드가 여성을 위해 있는' 그날들 속에서 과연 마침표가 찍힐 것인가? 소비의 문화적 유전자는 젠더의 벽을 넘지 못할 것인가?

여성이 가정이라는 울타리로 갇히면서 소비를 담당하고 생산이라는 남성이 맡는 성 역할 분업은 가사 분담과 함께 조금씩 해체되면서 지금은 여성이 적극적으로 생산 현장에 모습을 보이고 있다. 베블런이 100년 전에 말했듯이, 여성은 이미 '남자의 장식품'이 아니다.

하지만 명백히 드러난 과정은 그래도 여성은 남성화하지 않았다는 점이다. 커리어우먼으로 활동해도 여성은 더욱 여성성을 지키려 하고 그러한 노력을 게을리하지 않는다. 일에도 열심이지만 그렇다고 소비의 쾌락을 포기하지도 않는다. '자신에 대한 찬미'란 커리어우먼이 브랜드 제품을 사게 하는 결정적 문구가 된 느낌이 든다.

여성들은 가정에서 해방되어도 소비의 쾌락을 포기하지는 않았다.

그것은 언제까지 계속될 것인가?

앞으로 계속 남녀관계가 비대칭으로 변해 가는데 그럴수록 여성은 사치를 —다시 말해 브랜드 상품을— 스스로 살 뿐만 아니라 다른 사람에게 받고 싶어하는 마음도 있다.

여기서 말하는 다른 사람이란 구체적으로 대개 부모이고 나아가서는 '애인' 즉, 어느 정도 성(性)적인 관심을 갖고 사귀는 상대 남자를 말한다.

내 친구의 명대사가 떠오른다. "브랜드란 대체 무엇일까"라고 중얼거리는 내게 그친구는 숨쉴 틈도 없이 말했다.

"애인에게 받는 것!"

물론 농담이지만 친구의 말은 허를 찌르고도 남았다. 브랜드를 둘러싼 남녀의 비대칭 관계에 눈이 떠졌기 때문이다.

그렇다. 그 반대는 농담조차 되지 않는다. 남자가 여자에게서 브랜드 제품을 선물 받는 경우는 그 반대에 비하면 극히 적기 때문이다.

남자와 여자가 대등하게 일을 해도 '선물'에서는 근대의 성역할 분업 정신이 부활하고 있다. 티파니와 같은 고급 브랜드 상품에 눈길을 주는 남녀의 역할이 바뀌는 장면은 좀처럼 상상하기 힘들다.

리포베츠키는 여성이 남성과 어깨를 나란히 하며 일하는 오늘날, 남성이 여성에게 고가의 선물을 하는 모습은 '시대착오이고 머지않아 반드시 사라질 풍경인가?' 라고 묻는다.

리포베츠키는 대답한다.

'그 근저에 성애(性愛)라는 정열이 있다고 가정할 때 그 비대칭이 무너질 가능성은 아주 미약하다' 고.

고가의 선물에 의지해서 남자는 여자에게 사랑의 증표를 남기고 싶어한다. 고가의 '선물' 은 연인에 대한 사랑의 상징물이다. 그리고 그 반대는 거의 보기 드물다. 조금은 고전적이지만 성애의 장면에서 여자가 '자신의 몸을 주는' 것에 반해 남자가 주고 싶은 것은 사랑의 표현이기 때문이다.

남자가 여자에게 '자신의 몸을 주는' 시대가 오는 날은 상상하기 어렵다.

명품 브랜드를 사치의 문화사에서 재인식할 때 우리는 언제나 '증여' 의 논리에 부딪힌다.

아주 오랜 옛날 사치는 신에게 바치는 제물이었다. 21세기 현재, 사치는 브랜드 제품으로 변했고 때로는 남자가 여자에게 주는 선물이 되기도 한다.

과연 이러한 현상은 언제까지 계속될 것인가?

성애의 미래와 똑같이 사치의 미래 또한 혼돈으로 그 행방이 분명치 않다.

3 사치의 보상

명품의 속살

여기에서 한 가지 덧붙이고 싶은 내용이 있다.

그것은 남자에게 선물을 받든 자신에 대한 찬미를 위해 구입을 하든 명품 브랜드의 소비자는 '프티 제국주의자'라고 말할 수 있다는 점이다.

첫째 지구의 이쪽에 사치와 낭비가 있다면, 그 반대편에는 반드시 기아와 빈곤이 있다. 가령, 리조트 여행을 하는 것도 사치고 넓은 의미에서의 브랜드 소비라고 할 수 있는데, 현지의 '야생' 상태를 즐기는 일은 제국주의자들의 모습과 일치한다. 고급 호텔 테라스에서 원주민들의 춤을 즐기는 흥겨운 쾌락은 제국주의의 그것과 흡사하다.

이런 의미에서 명품은 제국주의를 내포하고 있다.

아니, 굳이 리조트 예를 들 필요도 없다. 브랜드 생산 공정 자체가 비인도적 저임금 노동착취라는 사실은 이미 오래전부터 잘 알려져 왔다.

그 사실을 제일 먼저 지적한 것은 나오미 클라인(Naomi Klein)의 《노 로고(No Logo)》다. 《노 로고》는 수많은 미국의 브랜드 즉, 셸(Shell)로 대표되는 석유산업을 필두로 나이키(Nike) 등 스포츠 브랜드들이 가혹한 저임금 노동력을 동원해 인도네시아 등지의 아이들과 여성들을 착취하는 현실을 폭로하고 미국 브랜드의 저개발국가 침탈을 고발하는 내용을 실어 전 세계 사람들에게 충격을 주었다.

빈에서 출간된 《세계 브랜드 기업백서(Das neue Schwarzbuch Markenfirmen)》도 나이키와 아디다스(Adidas), 리바이스(Levi's)를 들며 외국인 노동자의 저임금 노동착취 실태를 고발하고 있다.

두 책 모두 주로 미국 브랜드를 다루고 있는 이유는 반 글로벌리즘 책이라는 점에서 어쩌면 당연할 수도 있지만 프랑스 브랜드가 거의 나오지 않았다는 사실은 아마도 다른 이유가 있을 것이다. '메이드 인 아메리카'의 미국 브랜드가 극히 적은 반면, 프랑스의 명품 브랜드는 '메이드 인 프랑스'인 경우가 대부분이기 때문이다.

와인과 샴페인은 그 산지 자체가 브랜드인 것은 당연하고 루이비통과 에르메스의 생산도 프랑스 본사에서 이루어진다. 물론 샤넬 또한 마찬가지다. 그렇지 않으면 고품질을 보증할 수 없기 때문이다. 외국의 미숙련공을 사용해 만드는 명품 브랜드는 없기 때문이다.

이는 만국박람회가 개최되던 시절부터 국가가 사치품 산업을 권장해 온 프랑스의 일관된 행정정책이기도 하고 프랑스에서는 명품 브랜드 69개사(일본 경제지 니케이비즈니스 온라인 사이트. 2006년 4월 26일)가 결속해서 콜베르위원회(Comit Colbert)를 설립하고 희소한 핸드크래프트와 향수 제조 등의 전통을 보호 육성하고 있다.

물론 루이비통, 에르메스, 샤넬 모두는 콜베르위원회에 참여하고 있다. 보석과 와인, 패션 등의 브랜드 산업이 '국가정책'이기도 한 프랑스에서는 업계조직이라고 할 만하다. 바꾸어 말하면, 프랑스의 명품 브랜드는 그렇게 하지 않으면 품질 유지가 어려운 고품질이기 때문이다.

예를 들어, 샤넬이 좋은 예다. 장인 생산이라고 하면 오로지 에르메스를 들지만 샤넬도 에르메스에 떨어지지 않는 고도의 쿠튀리에 기술을 옹호하고 전통 보호 육성에 힘쓰고 있다. 미국의 액세서리도 샤넬의 전통적 아이콘 중 하나지만 코르사주(corsage) 제작에는 반드시 코르사주 제작 전문 메종을 쓴다. 파리의 오트 쿠튀르는 이렇게 기술을 극대화한 자수와 수공예 장인들에 의해

지탱된다.

샤넬사는 기에 이외에도 몇 개의 전통 메종을 거느리고 그 보호를 위해 적지 않은 예산을 쓰고 있다. 명품 브랜드의 고품질은 소비자가 볼 수 없는 곳에서도 꾸준히 노력을 기울여 왔고 그만큼 역사적 비용이 들었다고 말할 수 있다.

사치는 환경을 파괴한다?

그런데 이 '고품질' 자체가 몇 가지 문제를 내포할 가능성이 있기 때문에 사태는 간단치 않다. 고품질을 유지하기 위한 소재 조달이 생각치 못한 곳에서 환경 파괴의 위험성으로 연결되기 때문이다.

선진국에서 가구로 애용되는 수목이 개발도상국의 삼림 채벌로 이어지고 있는 예가 적지 않다. 모피코트 역시 마찬가지다. 희귀 동물의 보호와 고급 모피의 소비문제는 여전히 결론이 나지 않은 채 명품 브랜드와 환경 파괴의 알기 쉬운 예를 계속 제공하고 있다.

가령, 에르메스의 켈리 백도 소가죽의 경우 소 한 마리에 하나밖에 만들 수 없고 악어가죽 상품은 등가죽만 사용한다. 희귀 자원에 대한 무분별한 사용이 에르메스의 고급 가방 제조를 유지하고 있다는 사실이 우리에게는 불행한 지구 환경 파괴로 연결된다.

향수도 똑같다. 샤넬 넘버 5가 획기적인 이유는 83가지 성분을 배합했기 때문이었다. 그 이전까지는 아주 단순한 플로럴 배합이 조향(調香)의 상식이었는데 샤넬은 그 상식을 깼다. 83종이라는 성분 배합은 당시 엄청난 사치였다.

더욱이 이 제품은 라벤더(lavender)와 로즈우드(rose wood) 등 향수에 사용되는 식물의 산지도 엄격하게 표시되었다. 같은 식물이라도 정해진 땅 이외의 것은 사용하지 않았다. 그만큼 명품 브랜드는 타협을 허락하지 않는다.

하지만 그 사실이 식물의 무차별 수확으로 이어질 위험성이 있다. 예를 들어, 〈뉴욕 타임스〉(2005년 8월 30일치)에 따르면, 아마존 유역의 삼림에서 향수 성분으로 사용되는 장미 나무가 멸종 위기에 처했다고 한다. 이 나무에서 얻는 에센스는 '샤넬 넘버 5'의 성분으로 사용되고 있고 프랑스 자연보호 단체가 샤넬사에 대해 만약 사용을 중지하지 않으면 구매 반대운동을 하겠다는 경고를 했다고 한다.

〈르몽드〉지가 일련의 기사에서 그 경위를 보도하고 있다

(1997년 7~11월). 환경의식이 고양되는 한편 각종 아로마 테라피가 성황인 요즘 모든 향수 브랜드에 일어날 수 있는 사태가 아닐 수 없다. 화려한 브랜드 산업의 이면에는 많은 문제가 숨어 있다.

환경의식이 높아지면서 적극적인 대처 자세를 보이는 것은 루이비통이다.

루이비통은 2005년 아이치(愛知) 만국박람회에 참가했다. 만국박람회의 주제는 '자연의 예지'다. 루이비통사는 이 주제에 맞게 남프랑스 카마르그(Camargue) 지방 특산물인 '소금'의 모노그램을 부스 벽에 디자인해서 입장객들의 눈을 사로잡았는데, 주목할 만한 것은 '자연과 공생하는 창조'를 위해 비통사가 독자적으로 시행한 지구온난화 현황 조사다.

루이비통사는 2004년 5월에서 9월에 걸쳐 기업 활동이 지구온난화의 주범인 가스를 얼마나 배출하는지 조사하고 항공기에 의한 제품 수송이 가장 큰 요인이라는 점을 발견했다. 그리고 이러한 사태에 대처하기 위해 이후의 제품 수송은 50%를 비행기가 아닌 선박을 사용하기로 결정했다. 더욱이 가죽제품 제작 시 나오는 찌꺼기들의 재사용도 고안 중이다.

이와 같이 환경 파괴를 막으려는 노력은 루이비통뿐 아니라

LVMH 전 회사의 방침이 되어 'LVMH 환경헌장'을 발표하고 방안을 공표하고 있다. 세계의 최고를 달리는 브랜드 기업의 여유를 읽을 수 있는 대목이라 하겠다.

V

'변하는 것'과 '영원한 것'

변화를 두려워하지 않는다

일본의 명품 브랜드는 대단한 호황이다.

긴자는 오래전부터 브랜드 거리로 알려져 있고 지금도 대형 외국 브랜드점이 연이어 들어서고 있다. 롯본기나 번화가 등의 패션 거리에는 명품 브랜드가 당연히 위치하고 있다. 세계의 부자 나라 미국의 뒤를 이어 '귀족이 없는 나라' 일본은 해외 브랜드의 좋은 시장이다. 아시아 중에서도 1위 자리는 당분간 유지할 것으로 보인다.

지금까지 살펴본 것처럼, 브랜드의 번영을 지탱해 온 것은 디자이너의 기용에 의한 유행화 전략이다. 일본에서 루이비통의 핵심 판매 전략은 '내구성' 이고 모노그램 인기의 비밀은 유행에 좌우되지 않는다는 점이지만, 마크 제이콥스를 발탁한 이래 비통의 비약적 인기는 확실히 '디자이너 브랜드 의존' 으로의 노선 변경이 결정적 구실을 했다.

전통을 중시하는 메종 브랜드인 루이비통은 지금까지 그 영원성을 지키기 위해 끊임없는 '혁신' 을 계속하고 있다. 루이비통의 역사는 마차를 대신해 자동차가 달리게 되면 자동차 차체에 트렁크 형태를 맞추고, 호화 여객선 시대가 오면 선실에 맞게 형태를 연구하며 교통 발달과 그 궤적을 같이하고 있다.

‘다미에(damier)’와 ‘베르니(vernis)’로 시작된 모노그램 이외의 ‘디자인 변경’은 이렇게 변신을 게을리 하지 않는 메종이 달성한 역사적 진전이다. ‘변하지 않는 것’을 팔아온 루이비통은 여기서 일신하며 ‘변하는’ 길을 선택했다. 당시 부사장은 이를 가리켜 ‘루이비통 제2인생의 시작’이라 했다.

브랜드 이미지를 유지하기 위해서는 오히려 같은 자리에 머무르면 안 된다. 앞으로 나아가지 않으면 시대에 뒤떨어지기 때문에 앞으로 이끌어 줄 동력이 필요하다. 앞으로 2000년, 2020년, 2050년…… 등 긴 미래를 내다보고 새로운 상품을 만들고 있다.

—〈광고비평〉 1999년 3월호

브랜드가 ‘영원’하기 위해서는 변해야만 한다. 이러한 모델 변화 전략은 일본에서 대성공을 거두었다. 소우 전 사장이 《사적 브랜드론》에서 언급했듯이 유럽과 달리 일본에서는 ‘유행하는 라이프스타일을 쫓는 젊은 고객으로 두꺼운 층을 형성하고’ 있기 때문이다. 귀족은 없지만 빈부격차가 큰 미국보다 일본은 철저히 ‘대중적인’ 나라인데 루이비통은 대중 중에서도 유행에 민감한 패션 피플을 목표로 삼았다.

패션 피플 중 한 사람인 오치 마사토는 루이비통의 브랜드 저력을 다음과 같이 말하고 있다.

> 내 패션 어록에는 '브랜드 힘은 공격 자세다'라는 부분이 있다. 브랜드는 일단 '지키기'로 들어서면 그것으로 끝이다. 시대를 이끄는 브랜드에는 항상 '무한 공격'이 숙명적으로 따라붙는다. '루이비통'이 바로 그 대표적 예다. 상징적인 예가 2001년 봄여름 컬렉션에 등장한 '그라피티(graffiti)' 라인일 것이다. 100년 이상의 역사가 있는 모노그램 캔버스에 대담한 그라피티를 집어넣은 가방이 점포에 진열된 모습은 가히 충격적이었다.
>
> —〈WWD 재팬〉 2006년 1월 9일 호

> 전통에 연연하지 않고 고객의 선입관을 과감하게 깬 '공격적' 기획은 반드시 성공한다. '루이비통'은 이러한 꿈의 변신이 절묘하다.
>
> —〈WWD 재팬〉 2006년 1월 16일 호

전통을 지키기 위해서는 대담한 변신을 두려워하면 안 된다.

오래된 미래: 과거를 기반으로 보다 좋은 미래를

루이비통의 변화는 파리라는 브랜드 도시의 변모를 떠올리게
한다.

거리와 지역 가로수에 이르기까지 오늘날 파리의 형태가 만
들어진 시기는 19세기 중엽의 제2제정기다. 바로 루이비통과 에
르메스가 창업을 할 무렵이다. 그리고 현대까지 고전적인 경관
을 유지하고 있는 파리의 풍경에는 몇 차례 획기적인 변신으로
화제가 된 역사가 포함되어 있다.

그중에서도 제일 유명한 것이 에펠탑이다. 고전적 돌의 거리
에 갑자기 들어선 첨탑은 찬반 양론을 일으키며 치열한 논쟁거
리가 되었다. 현대적인 '신선함'에 '전통'이 거부를 했다. 하지
만 시간이 흐름에 따라, 그 대담한 변화는 파리의 매력적인 상징
탑이 되었다.

또한 쇠파이프를 노출시킨 퐁피두센터도 에펠탑 못지 않은
변신 드라마를 연출했고 찬반 여론이 들끓었다. 개선문 연장선
상에 세워진 그랑데 아르슈도 새로운 것으로 뽑힌다. 이들의 현
대적 모뉴망 덕분에 파리라는 고전적 도시는 '현재성'이 살아 숨
쉬고 있다. 단순히 옛도시가 아니라 과거와 현재가 공존하는 깊
은 맛이 파리라는 도시의 매혹적인 요소다. 그리고 '메이드 인

파리'라는 명품 브랜드의 매력이다.

루이비통과 마찬가지로 에르메스 역시 항상 '영원'을 위한 '쇄신'에 힘을 기울이고 있다. 가령, 창립 160주년을 기념하는 회사의 역사는 놀랍게도 일본 만화가에 의해 그려졌다. 최대 아시아 도시의 거점인 일본 시장을 노린 기획임에 틀림없다. 에르메스는 명백히 '현재성' 노출에 소극적인 자세를 보이면서도 훌륭한 마케팅 성과를 내고 있다. 최근 인기 있는 캔버스의 세컨드 라인 발매 역시 에르메스의 '쇄신' 중 하나고 그 보급이 고가의 가죽 가방에 대한 동경을 조롱하고 있다. 보수와 쇄신의 멋진 조화라고 볼 수 있다. 브랜드는 '한곳에만 머물러서는 실패'다.

현재 성과의 결합을 가장 직접적으로 드러내는 것은 역시 상품이 패션인 샤넬이다. 1980년대부터 메종을 이끌고 있는 카를 라거펠트는 영원과 현재의 외줄타기를 훌륭하게 연출하고 있다.

샤넬이 영원히 샤넬로 남기 위해서는 과거의 샤넬만을 고집해서는 불가능하다.

라거펠트는 샤넬이 남긴 영원성을 '스타일'이라 부른다. 누가 뭐래도 코코 샤넬은 여성의 고전적 스타일을 창조했다. 그러나 그 스타일을 유지하기 위해서는 거리에 떠다니는 그때그때의 유행에 따르지 않으면 안 된다. 샤넬 스타일은 현재의 바람을 품을 때 비로소 매력이 살아난다. 그렇지 않으면 얼마 지나지 않아

진부해지고 말것이다. 라거펠트의 잡지 인터뷰 기사를 발췌해
보자.

스타일은 현재 유행의 일부여야 한다. (……) 스타일은 변화함으
로써 새로운 이정표를 확립하고 주위에 인식시킬 수 있다. 변화
가 스타일에 새로운 길을 열어 주는 것이다.

―〈스틸레토(Stiletto)〉 2005년 5월호

라거펠트는 시즌마다 샤넬의 '유산'에 변화를 주어 새로운
상품을 내놓는다. 그는 샤넬이라는 '전설'을 현재의 이야기로 전
환시켜 그것에서 신제품을 만들어내는 명인이다. 상징적인 예가
2005년 가을에 나온 가방, '2 · 55'이다.

1954년 샤넬은 10여 년의 공백을 깨고 파리 패션계로 돌아
왔다. 그녀는 이듬해인 1955년 2월 지금은 고전이 된 킬팅 숄더
백을 발매한다. 그 전설의 해를 '2 · 55'라는 가방 이름에 사용하
며 샤넬 생애의 전설을 현재화하고 있다.

사실, 전설은 현재 속에서 이야기하지 않으면 그것은 전설도
아무것도 아니다. 어떠한 전설이나 전통도 미디어의 요란한 함
성 속에 재활되고 새롭게 조명되었을 때 영원한 생명을 갖게 된
다. 스타일은 유행의 바람을 탔을 때 새롭게 태어난다. '거리의

혼’이 전통을 양성한다.

라거펠트가 괴테의 말을 인용한 말을 들어보자.

“과거를 살려 보다 나은 미래를 창조한다.”

모든 브랜드 성공의 열쇠를 시사하는 말이라고 해도 과언은 아닐 것이다. 영원하기 위해서는 끊임없이 변화해서 다시 태어나지 않으면 안 된다.

루이비통 재팬의 소우 전 사장의 말도 비슷한 의미일 것이다.

브랜드의 성공은 브랜드가 ‘변하지 않는 가치’와 ‘변화하는 시대에 적합한 패션성’을 가져야 한다는 모순을 어떻게 극복하는냐에 달려 있다.

-《사적 브랜드론》

유서 깊은 기원에서 나와 역사에 남는 브랜드는 그 명성을 영원히 지키기 위해 끊임없이 새로운 현재의 소리를 들어야 하고 쇄신에 노력을 경주해야 한다. 단, 그 이름을 지키기 위해 과거에 매달린다면 그 이름은 얼마 지나지 않아 망각 속으로 사라질 것이다.

스스로 루이비통 트렁크의 애용자이기도 했던 루키노 비스콘티 감독의 명화 《산 고양이(Il Gattopardo)》(1963)의 한 장면을 떠올려보자. 새로운 부르주아 시대의 도래를 감지하고 소멸해 가는 본인의 운명을 겸허하게 받아들이는 시칠리아의 한 귀족은 자신의 결의에 찬 의지를 말한다.

"아무것도 변하지 않기 위해서는 모든 것이 변하지 않으면 안 된다."

브랜드라는 뿌리 있는 '이름'이 걸어야 하는 길을 너무도 잘 보여주는 말이 아닌가.

책을 쓰고 나서

"어머 그래! 직장 여성들 사이에 그렇게나 유행하고 있다구?"

"그래, 아주 인기래. 멋지고 말이야."

초여름 오후 긴자의 샤넬 빌딩 맨 윗층, 두 사람은 고급스러운 분위기에 젖어 '베주' 라는 레스토랑 소파에 등을 기대고 패션 브랜드 이야기로 흥겨웠다.

그때 문득 의문 하나가 '씨앗' 처럼 내 머리속에 떠올랐다.

나는 짐짓 심각한 표정으로 되물었다.

"하지만 그거 정말 브랜드 맞아? 단지 유행 아니야?"

"그렇네, 대체 브랜드의 조건이 뭐지?"

대답을 듣자마자 나도 모르게 손에 들고 있던 잔을 내려놓고 목소리에 힘을 실었다.

"그래, 그거네! 브랜드의 조건! 그걸 타이틀로 하면 되겠네. 아주 딱이야!"

긴자 브랜드 탐험을 나설 때마다 곁들였던 점심이 드디어 축배의 실마리가 되었다.

타이틀이 정해진 기념일을 합쳐 우리의 브랜드 탐구 여행은 얼마나 계속되었나. '우리들'이란 바로 이 책을 담당한 이와나미 신쇼(岩波新書) 편집부의 후루카와와 나다.

우리는 집필을 결심하고 수년 동안 화려한 브랜드 거리에서 뒷골목 시장까지 브랜드 도시인 도쿄의 이곳 저곳을 돌아다니며 많은 가게에 들어가 봤다. 그때마다 브랜드 아우라에 홀려 이것저것 사버린 바보는 나 혼자였지만…….

언제부터인가 프랑스 문학에서 패션으로 눈을 돌려 유행(모드)론을 여러 권 집필했던 내가 패션에서 브랜드로 관심을 옮기게 된 계기는 2000년에 쓴 《브랜드의 세기》였다는 생각이든다. 브랜드를 말하는 20세기론이라고 할 작정이었는데 21세기에도 브랜드에 대한 관심은 수그러들지 않고 있다.

아니, 오히려 브랜드라는 현상의 '수수께끼'는 더더욱 오묘해져만 갔다. 루이비통, 에르메스라는 이름이 붙는 것만으로 가방 하나의 가격이 왜 그렇게 올라갈까? 네임밸류는 어디서 유래하는 것일까? 그 마력적인 아우라의 기원은 대체 무엇일까? 고유명(名)론이며 전통(숭배)론이며 가치론이기도 한 브랜드론은 불가능한 일일까? 시간이 갈수록 늘어만 가는 의문을 스스로 풀어보고 싶다는 생각에 이 책을 쓰게 되었다.

구상 단계에서 하나의 방법을 정했다.

전통 가치를 그 탄생의 순간으로 거슬러 올라가 고찰해 보려고 생각했다. 다른 말로 표현하자면, 브랜드의 발생사론적 접근이다. 이 방법을 선택한 이유 중 하나는 구매심리론에서 브랜드의 본질을 풀 수 없는 수수께끼라고 보았기 때문이다. '브랜드의 조건'은 소비론으로는 해명할 수 없다. 사는 쪽보다는 오히려 파는 쪽에서 생각하는 방법이 좀 더 가까이 갈 수 있다고 보았다.

어느 경우이든 메종의 생성 순간으로 되돌아가려는 이 책의 방법은 가치의 근거를 생각하기 위한 '작업가설'이고 그런 관점에서 읽어주길 바랄뿐이다.

이 가설을 위한 사례 연구로 루이비통, 에르메스, 샤넬 등 3개 명품 브랜드를 든 것은 내 전문 분야가 프랑스이기 때문이기도 하지만 루이비통을 비롯해서 지금은 브랜드 대국이 된 프랑스를 빼고는 브랜드 현상을 살펴보기 어렵다고 봤기 때문이다.

이렇게 이 책이 선택한 방법은 또 하나의 작은 의문을 불러일으켰다. 그것은 바로 대체 '명품'이란 무엇인가라는 문제다. 한마디로 명품 브랜드라고 하지만 현대적 명품은 언제 어떻게 탄생했는가? 브랜드를 사는 우리는 '명품'을 사고 싶어하지만 그것은 진정 명품일까?

이처럼 이 책은 명품론과 접목되기도 한다. 이 점도 염두에 두며 읽어주면 좋겠다.

이 책이 완성을 보는 데 많은 분들의 도움이 있었다. 알 수 없던 브랜드 정보를 준 N · H 씨께 다시 한 번 감사하다는 말씀 올린다. 그리고 오랜 여정을 같이 해준 편집부 후루카와 씨에게는 많은 폐를 끼쳤다. 그 분의 헌신적인 지원이 없었다면 이 책은 빛을 보지 못했을 것이다. '우리들' 둘이서 쓴 책이라는 말이 실감난다.

마음으로부터 감사를 드린다.

Made in 브랜드
ブランドの條件

지은이 야마다 도요코
옮긴이 지세현
펴낸곳 디플(현실문화연구)
펴낸이 김수기

편집 좌세훈, 이시우, 허경희
디자인 권 경
마케팅 오주형
제작 이명혜

첫 번째 찍은 날 2007년 8월 10일
등록번호 제1999-72호
등록일자 1999년 4월 23일
주소 서울시 서대문구 충정로 2가 190-11 반석빌딩 4층
전화 02)6326-1125
팩스 02)393-1128
전자우편 hyunsilbook@paran.com
값 11,000원
ISBN 978-89-92214-18-6 03320